ESTHER CARRENHO

Depresión:
Hay luz al final del túnel

PENIEL

BUENOS AIRES - MIAMI - SAN JOSÉ - SANTIAGO

www.peniel.com

EDITORIAL PENIEL
Boedo 25
Buenos Aires, C1206AAA
Argentina
Tel. 54-11 4981-6178 / 6034
e-mail: info@peniel.com
www.peniel.com

Diseño de portada e interior:
ARTE PENIEL • arte@peniel.com

Publicado originalmente en portugués con el título:
Depressão: Tem luz no fim do túnel
por Editora Vida, São Paulo, Brasil
© 2007, de Esther Carrenho

Carrenho, Esther
Depresión: Hay luz al final del túnel. - 1a ed. - Buenos Aires : Peniel, 2011.
    224 p. ; 21x14 cm.
    Traducido por: Adriana Sebolt
    ISBN 10: 987-557-273-X
    ISBN 13: 978-987-557-273-7
    1. Espiritualidad. I. Sebolt, Adriana, trad. II. Título
    CDD 291.4

Impreso en Colombia / Printed in Colombia

Al matrimonio Juan y Neide Spacov, que creyeron en mi potencial e invirtieron en mi vida, pagando fielmente los cinco años de estudio en la facultad de Psicología. Por ese motivo, estoy cumpliendo mi vocación y misión, ¡bastante más feliz y realizada!

AGRADECIMIENTOS

Agradezco a todas las personas que se prestaron para una atención psicológica, y que al abrir su corazón con coraje permitieron que yo las acompañara por los caminos lúgubres de sus profundas tristezas. Con sufrimiento, ustedes revelaron sus tesoros más íntimos para que otros puedan enriquecerse y alegrarse.

A Shizue Namba, que investigó, leyó, abrió el corazón, me animó y participó del proyecto inicial de este libro. Siempre que recuerde este trabajo, también me acordaré de todo el empeño que ella puso para que un día el libro sea una realidad.

A Lilián Jenkino, que con conocimiento, paciencia y sabiduría me ayudó como asistente de editorial, proporcionándome seguridad y tranquilidad.

A mis familiares, que siempre respetaron mi elección de apartarme por un tiempo para que la obra pueda concretarse.

CONTENIDO

La depresión es desesperante, pero no siempre es una enfermedad

Las investigaciones muestran que la depresión es uno de los disturbios mas frecuentes en América latina y en el mundo. Las personas que buscan ayuda en la psicoterapia, la mayoría de las veces, lo hacen porque están deprimidas, o porque les parece que lo están. Como si no fueran suficientes el malestar y la angustia que provoca la depresión, generalmente el deprimido no encuentra ayuda dentro del círculo familiar. Por el contrario, se apresuran a llevarlo rápidamente a un médico que le recete algún medicamento, para que de alguna manera el malestar de convivir con alguien que enfrenta una depresión sea eliminado. No obstante, el mismo remedio que puede ayudar —si no es administrado correctamente junto a la ayuda psicoterapéutica competente y afectiva mediante la cual la persona puede evaluar su propia vida y sentirse apoyada— solo hará que se oculten los motivos que causan los desajustes depresivos.

Lo peor es comprobar que muchas veces en el medio religioso, principalmente en el evangélico, no se promueve el refugio necesario para la persona en depresión, y muchas veces es acusada de no tener fe o de estar en pecado.

Como si no fuese suficiente, no es raro que el deprimido sea llevado a la "carpa de terapia" (para expulsarle el demonio), como si el propio demonio estuviese incorporado en él. Todo coopera para que la persona se condene cada vez más y aumente el desprecio que siente por sí misma y la dificultad para aceptarse en ese momento tan doloroso.

Muchas veces medité y reflexioné sobre los altos y bajos emocionales en la vida de David; sobre la depresión y la profunda tristeza en la vida de Job, que maldijo el día que nació y lamentaba haber recibido los cuidados que todo recién nacido precisa tener. Medité también en los momentos depresivos de la vida de Moisés, que cuestiona, discute con Dios y se niega a continuar con el peso de cuidar al pueblo insatisfecho en el desierto. Y, por último, estudié versículo por versículo la depresión del gran profeta Elías.

En todas las historias, me di cuenta de que ¡Dios no reprendió a estas personas, no las juzgó, ni las condenó! Al contrario, fue paciente y las cuidó cariñosamente para que cada una de ellas pudiese encontrar sosiego y nuevas fuerzas para recomenzar el camino. Descubrí también que Cristo fue paciente y amoroso con cada persona que convivió con Él en momentos de tristeza, llanto, desánimo, decepción y desconfianza; las ayudó a recuperarse y a recomenzar normalmente su vida emocional.

Estos descubrimientos produjeron un impacto tan grande en mi vida que tuve ganas de gritar por un parlante gigante para que sea escuchado en todo el mundo que la depresión es desesperante, pero la mayoría de la veces no es una enfermedad; que existen tesoros infinitos en los procesos depresivos; que la persona que pasa por una depresión necesita, sobre todo, comprensión, empatía y protección amorosa.

Escribí: *Depresión: Hay luz al final del túnel* con la intención de compartir este descubrimiento con las personas que sufren, y también con aquellas que fueron llamadas a llevarles bienestar y sanidad. Desde lo más profundo de mi corazón, espero que este libro pueda traer consuelo y alivio a todos ellos.

Esther Carrenho

¿Qué es la depresión?

La depresión es una tristeza que parece no tener final.

Esta es una frase que define de manera bien simple la depresión. El problema ya pasó o transcurrió hace mucho tiempo, y la tristeza continúa presente, fuerte, como si fuera un tatuaje impreso en el alma.

En psiquiatría y psicología, el concepto de la depresión se presenta generalmente bastante vago y amplio. El Dr. Uriel Heckert, profesor de psiquiatría, dice:

> La depresión es un estado de sufrimiento psíquico, caracterizado fundamentalmente por la caída del humor (esto es, del estado afectivo básico presentado por la persona) acompañado por la disminución significativa de interés, placer y energía).[1]

La depresión es algo que, hasta cierto punto, todos probamos en distintas etapas de la vida, sin importar edad, sexo, raza, religión, educación, personalidad o nivel social. Se puede atravesar por situaciones depresivas como, por ejemplo, la muerte de un ser querido, la ruptura de relaciones afectivas, quiebras financieras, pérdida de la salud o alguna frustración cuando se esperaban grandes resultados, en cierta situación.

Para muchos, la depresión puede llegar sin tener un motivo claro y sin que la persona pase por alguna pérdida aparente. Para otros, puede ser desencadenada por algún tipo de pérdida, pero supera los límites del tiempo considerado normal en la elaboración del luto de dicha pérdida. Esta inclusión de la depresión en la vida hace que los autores investigados la clasifiquen de acuerdo con su intensidad, gravedad, incidencia, tiempo de duración y las causas aparentes.

Silvia Ivancko, psicóloga, aclara también que la depresión produce trastornos en el sistema químico del cuerpo:

> Químicamente, la depresión es causada por un defecto en los neurotransmisores responsables de la producción de hormonas como la serotonina y la endorfina, que nos dan la sensación de bienestar, placer y confort. Cuando hay algún problema en esos neurotransmisores, la persona comienza a presentar síntomas como el desánimo, tristeza, autoflagelo, pérdida del interés sexual, falta de energía para las más simples actividades.[2]

Mauro Maldonado, psiquiatra, profesor de la Universidad de Nápoles, Italia, menciona estudios e investigaciones de la Organización Mundial de la Salud (OMS) que muestran la depresión como una de las enfermedades más diagnosticadas por la psiquiatría. Dice que al considerar todos los problemas de salud surgidos en el Occidente, la depresión está en cuarto lugar.[3]

Uno de los diarios de San Pablo, Brasil, cita una investigación hecha en 2005 con mil trabajadores de las ciudades de San Pablo y Porto Alegre por la International Stress Management Association en Brasil (Isma-Br), que muestra que de cada diez trabajadores uno está con depresión, y que el trabajo es la causa principal del estrés causante de la depresión.[4]

De acuerdo con el reportaje de Raquel Bocato, el médico Marcelo Nial, psiquiatra de la Universidad Federal de San Pablo (Unifesp), dice que podría haber una cierta exageración en esas estadísticas:

> Hoy, las personas no dicen que están tristes, dicen que están deprimidas. No dicen que están con miedo, sino que están con fobias. No dicen que se sienten cansadas, sino estresadas.[5]

Y Virginia Moreira, doctora en psicología clínica, concluye, concordando con Marcelo Nial: "Mientras tanto, lo que se observa en las sociedades contemporáneas es que la palabra tristeza esta prácticamente en extinción".[6] Ambos consideran que hay diagnósticos de depresión en vidas donde realmente no la hay.

Un artículo de un diario de la Asociación Médica Americana insinuó hace un tiempo que el hombre ha sufrido más con la depresión que con cualquier otra enfermedad que haya afectado a la humanidad. La depresión ha sido decididamente considerada como el síntoma psiquiátrico más común, y puede ser encontrada tanto en carácter temporal en una persona normal que pasa por una gran decepción, como en depresión profunda cuando están presentes las ideas suicidas.

La depresión o la melancolía, como era llamada antes, ha sido reconocida como un problema hace más de dos mil años. Pero recientemente atrae tanto la atención de las personas que algunos llaman a nuestra época "la era de la melancolía", en contrapartida con "la era de la ansiedad" que apareció después de la Segunda Guerra Mundial. Otros estudiosos del asunto, como Silvia Ivancko, declararon que la depresión es ya un problema de salud pública y el mal del siglo XXI.

Martín Seligman, psicólogo, dijo lo siguiente:

> El dominio de la depresión, en el mundo y en nuestros días es espeluznante (...) Ella es el resfrío común de la psicopatología, y nos está alcanzando a todos. Aunque se trata probablemente de la menos comprendida y de la más inadecuadamente investigada de las patologías.[7]

En nuestros días, la depresión se volvió un tema común, aunque todavía es tenida como una disciplina científica difícil, pues sus hipótesis no están en condiciones de ser comprobadas o rechazadas con el mismo grado de exactitud que en otras áreas de la ciencia. Lewis Wolpert, locutor de radio y profesor de biología, explica con bastante claridad que pasó por una depresión aguda aunque estaba felizmente casado y tenía éxito en su profesión:

> Aunque en la actualidad contemos con bastantes pacientes que nos pueden informar sobre una cantidad de síntomas, es difícil diagnosticar la depresión. Infelizmente no existe un único examen confiable que revele el diagnóstico como, por ejemplo, un examen para comprobar una infección bacteriana; ni hay síntomas coherentes y de fácil identificación, como en los casos de sarampión y de paperas. Hace poco tiempo existía la esperanza de que un examen midiera la reacción hormonal a un estímulo, lo que produciría una herramienta para diagnosticar, pero infelizmente se descubrió que no era así. Es difícil saber cuándo una oscilación del humor pasa a ser una depresión.[8]

Aun cuando los exámenes muestran un desequilibrio químico —como la deficiencia de serotonina en el organismo— no quiere decir que la simple reposición de la sustancia resuelva el problema. Es verdad que el humor deprimido tiene una relación con el equilibrio químico del cuerpo, pero no siempre es posible detectar lo que sucedió primero: si el desequilibrio químico fue provocado por la depresión, o si esta desencadenó el desequilibrio químico.

Como si las dificultades fuesen pocas, la depresión —que generalmente es entendida como algo que lleva a la persona a volverse pasiva— puede aparecer mezclada o disfrazada con otros contenidos repletos de sentimientos, como la culpa, el miedo y la agresividad, que precisan ser considerados uno a uno, con mucho cuidado, pues esos sentimientos en sí mismos son dolorosos y producen mucho desgaste emocional y físico a la persona. Cuando están asociados a un proceso depresivo, se vuelven verdaderos monstruos que pueden ejercer enorme dominio sobre la persona, a punto tal de dejarla inerte y sin esperanza.

Depresión y rabia

La depresión puede ser solo una fachada que encubre una agresividad negada. Situaciones de rabia y rencor que no fueron elaboradas pueden acarrear síntomas depresivos, que disfrazan los contenidos hostiles sofocados en la vida de una persona. "La rabia reprimida no desaparece", afirmé en mi otro libro.[9] Un lego o un profesional tendrán dificultades para darse cuenta de la rabia y el odio hacia otras personas y también hacia sí mismos que esconde la depresión. La postración y la inercia, síntomas comunes en los deprimidos, impiden ver que aquella persona pueda tener inconscientemente un arsenal de resentimientos y heridas escondidos. "La rabia en los pacientes depresivos lleva a la más profunda depresión, aunque delante de los otros la persona no lo reconozca rápidamente", escribió Frank Lake.[10] Y para empeorar, la persona en depresión se menosprecia o se desprecia y usa la rabia acumulada contra otros en un ataque contra sí misma. Decio Garfinkel, doctor en psicología de la Universidad de San Pablo, Brasil, declara:

> El estado depresivo sirve para esconder sentimientos agresivos, que la mayor parte del tiempo permanecen inconscientes. Las señales aparentes de la depresión incluyen desánimo, falta de energía, cansancio, desinterés por las personas y actividades en general. En este estado de ánimo, el sujeto tiende a quedarse pasivo e inactivo; y en los casos más graves, postrado. Pocos se dan cuenta, mientras tanto, que junto a esas manifestaciones se encuentra un profundo sentimiento de odio. Es claro que en los distintos casos podemos observar alternancia entre los estados depresivos y repentinas crisis de mal humor, con explosiones de rabia. Pero la relación entre la depresión y el odio no siempre es evidente, y el principal motivo es que el estado depresivo sirve justamente para esconder el odio, que permanece inconsciente la mayor parte del tiempo.[11]

Cristina es un buen ejemplo de una persona que reprimió mucha rabia y disgustos, que terminaron escondidos por una profunda tristeza y melancolía diagnosticadas como depresión. Ella me vino a ver un día después de la Navidad. Estaba bastante afligida y dijo que no soportaba esperar que yo volviese de una semana de vacaciones.

Cuando la vi, parecía que había envejecido veinte años en algunos meses. Su semblante revelaba una profunda agonía. Su mirada no tenía brillo, sus párpados y los lados de la boca estaban caídos. Los cabellos, atados con un elástico, se mostraban excesivamente enmarañados. Sus ropas eran oscuras y denotaban algún descuido en la combinación de los colores. En fin, todo el conjunto era un retrato de alguien que había perdido la alegría y el interés por la vida.

Después de pasar un tiempo charlando, en el que me dediqué a escuchar en silencio sus quejas, vino un momento de llanto y gemidos que expresaban todo el sufrimiento que sentía aquella tarde. Hay personas que cuando están en estado de depresión profunda no consiguen llorar. Esa es la razón por la cual muchos llaman a la depresión profunda *depresión seca*. A pesar de estar con una depresión profunda, Cristina aún tenía algunas lágrimas. Ella es una profesional de éxito en el área de la salud muy solicitada por su competencia, pero siguiendo una orientación médica se había ido de vacaciones y se ausentó de su consultorio durante dos meses. Durante ese período, se dedicó a tomar remedios recetados y siguió con bastante seriedad los cuidados psicológicos.

El proceso fue extenso, pero Cristina fue observándose a sí misma; y a pesar de reconocer situaciones de tristeza y desencanto que hasta ese momento no había manifestado, según su propio relato, "prefirió dejar todo eso para después". Recuperó tanto sus energías físicas como las emocionales, y se sentía mejor. Retomó sus clases de ballet, volvió a la vida social y todo parecía marchar normalmente otra vez.

Durante una visita, me di cuenta de algunas señales de hostilidad cuando hablaba conmigo. Una de esas señales fue que al tomar un pañuelo descartable lo hizo con agresividad, tirando con fuerza excesiva para tomar un pañuelito de una caja. También era desproporcionado el tono manso y tierno de su voz.

—Parece que estás con rabia —me aventuré a decir. Ella se quedó en silencio, como si estuviere asustada con mi observación.

—Me parece que sí.

—¿Rabia por qué? —le pregunté.

Comenzó a relatar cuánta rabia sentía por las personas que de alguna manera fueron injustas con ella. Empezó con el último novio, un hombre que se había aprovechado tanto emocional como físicamente de ella, y de a poco recordó una serie de ofensas sufridas, hasta que llego a las palizas injustas —de acuerdo con su visión— que le diera su mamá cuando aún era muy pequeña.

Fue más fácil entender, tanto para ella como para mí, que la tristeza, la apatía, el desánimo y los sentimientos de desvalorización que se mezclaban eran reales, pero también había rencor y hostilidad almacenados en ella, como resultado de las ofensas sufridas en situaciones en las que no podía o no conseguía defenderse o protegerse.

El crecimiento de Cristina tuvo varias etapas, en las que constató y sintió todo el sufrimiento almacenado hasta ese momento dentro de sí debajo del lema "no te preocupes". Ella estaba consciente de la dinámica adoptada en su vida para no demostrar irritación y rabia, aun en situaciones en las cuales era necesario y justo irritarse. Descubrió que tenía la tendencia de absorber todo el veneno de la rabia y mostrar que era buenita, en vez de lidiar con las situaciones. Comenzó a demostrar y a revelar a las personas con las cuales convivía lo que le desagradaba, y se dio cuenta de que muchas veces era difícil ver al otro entristecido con su reacción. No fue fácil asimilar que no es posible agradar a todos.

—Ni Jesucristo agradó a todos —le dije cierta vez. Ella sabía que es difícil agradar a todas las personas que nos rodean. Cuando lo logramos es porque dejamos de ser nosotros mismos y comenzamos a vivir como si tuviésemos capas, que cambiamos según la persona con la que tratamos.

Es difícil, pero Cristina no desistió hasta aceptar la realidad de que no a todos les gustará la manera en que somos. Aún hoy utiliza parte de su tiempo y dinero en un grupo de psicoterapia, actualmente sin medicamentos. Tiene menos personas a su alrededor y ahora sabe a quiénes es grato tener cerca. Lleva una vida normal, trabajando en su consultorio; viaja, está de novia y participa con placer de eventos y fiestas sociales de su medio. Disfruta la vida y enfrenta conflictos y tensiones comunes en las relaciones con más coraje y transparencia.

Joni Eareckson Tada, escritora que quedó con parálisis en los pies y manos por causa de un accidente a los 17 años, cuenta cómo sentía rabia pero no la manifestaba, sino que la escondía debajo de la alfombra de la depresión:

> Durante aquellas semanas en el hospital, al esconder por tanto tiempo mi depresión, parecía agravarla. Sentía una especie de rabia mansa. No quería alejarme de mi familia o de mis amigos por la amargura o la rabia de mi situación, por eso guardé todo dentro de mí. Pero en lo siguientes meses, cuando volví a mi casa, lentamente comencé a abrir un círculo bien chiquito e íntimo de amigos. Al darme cuenta de su aceptación y amor me parece que se diluyó parte de la amargura y me ayudó a moverme más abiertamente con la depresión (…) Una parte de la rabia mansa era ira contra Dios. Por dentro, en mi espíritu, yo murmuraba silenciosamente y rugía contra Él. Ahora me parece que es mejor estar enojado con Dios que apartarse de Él. Es mejor enfrentar con sinceridad nuestros sentimientos reales y dejar que sepa cómo nos sentimos; esto es horrible, tengo mi

almohada mojada con mis lágrimas; me siento cansada de todo y enferma y no lo puedo aguantar ni un minuto más.[12]

Joni encontró coraje para aceptarse furiosa como los personajes bíblicos, cuando se dio cuenta de que personas como David, Moisés, Job y Jeremías se enfurecieron y mostraron disgusto con la situación que vivían; pero terminaron su historia con esperanza, al reconocer que aun así confiarían en Dios. La Biblia se refiere a esos personajes no como santos impermeables sino como personas de verdad, que sienten, sufren, se entristecen y enfurecen, mas no por eso dejaron de tener fe.

Depresión y miedo

Mauro es un hombre trabajador de mediana edad; tranquilo, bondadoso y con la capacidad de trabajar bien en situaciones tensas. Hubo un tiempo en que fue poniéndose miedoso y empezó a investigar minuciosamente todas las cuentas bajo su responsabilidad en la empresa en la cual trabajaba. Su temor era que hubiese un error que crease una situación desastrosa. Él es un hombre honesto, pero tenía miedo de ser acusado de algo que pudiese costarle el empleo. Sentía pavor al imaginarse que no podría sostener ni cuidar a su mujer y a sus dos hijos en aquello que precisaran, aunque sus hijos ya estaban casados.

Su depresión se desencadenó cuando la empresa fue inspeccionada en una operación rastrillo del fisco. Mauro no dormía, se alimentaba mal, tenía tembleques, taquicardia, desánimo, angustia y una profunda tristeza. Perdió todo interés por la vida. No le quedó energía física y se cansaba fácilmente. El pavor lo dominó de tal manera que quedó letárgico y medio inmovilizado. Temía al futuro, al fracaso y a la posibilidad de que quienes dependían de él pasasen por necesidades primarias. Su médico, un clínico, le sugirió que buscara ayuda psicológica.

En la primera visita, Mauro me contó del mal que sentía en el cuerpo y en el alma; también habló de sus miedos. Le pregunté si había otras situaciones en su vida en las cuales había sentido tanto miedo. Me dijo:

—Cuando era niño, me reí de otro chico. Un policía que cuidaba de la seguridad de la calle me vio y dijo que me llevaría preso y que la pasaría mal. Me quedé aterrorizado; pasé días y días pensando que en cualquier momento la policía llamaría a la puerta de mi casa y me llevaría preso. Años después, descubrí que el hombre que me había amenazado era solamente un guardia nocturno, que ni policía era. En mi cabeza todo volvió a la calma, pero me parece que aún temo a cualquier persona que tiene autoridad. En estos últimos años, me da miedo no solo el gerente sino hasta el cajero del banco. Tengo la sensación de que en cualquier momento se darán cuenta de algún error mío y seré castigado. Tengo miedo delante de los fiscales del impuesto de renta (DGI)[a]. Es como si el posible castigo tuviese una dimensión mayor de la que sería capaz de soportar.

—¿Qué piensas que te puede suceder si algún error fuese detectado por la fiscalización del impuesto de renta?

—Nada —me respondió—, solo tendré que pagar la diferencia con intereses y corrección monetaria, pero es que me da la sensación de que iré preso.

—Quiere decir que esa sensación ha estado guardada ahí durante muchos años, ¿no es así? Porque fue hace mucho tiempo, durante tu infancia, que tuviste esa sensación.

Él lo admitió.

—Y parece que en aquella época no podías hablar con nadie respecto de tu miedo, lo tuviste que enfrentar solo.

Asintió con la cabeza, demostrando que estaba de acuerdo.

---

a. DGI: Dirección General Impositiva, oficina que cuida de la declaración y recaudación de impuestos, para que no haya evasión fiscal por parte de los contribuyentes.

La depresión de Mauro surgió en el medio de una crisis común, cuando una persona casi llega a los cincuenta y comienza a evaluar lo que ya fue vivido y a preocuparse por el envejecimiento y el futuro. Pero estaba claro que las sensaciones de miedo no resueltas, sumadas a sus propias experiencias, habían salido del escondrijo y se manifestaban, acentuando aun más las inseguridades del presente y la depresión.

No es mi objetivo hacer aquí un profundo estudio sobre el miedo. Pero necesitamos conocer un poco lo que es y lo que puede producir en una persona, sobre todo si está en un cuadro depresivo.

El sentir miedo es parte del ser humano. Todos nosotros tenemos cierta dosis de miedo, que nos protege y nos preserva. El miedo de ser atropellados cuando el tránsito es intenso hace que prestemos atención antes de cruzar la calle. El miedo y la incertidumbre del futuro hacen que ahorremos y economicemos todo el dinero posible para alguna necesidad durante los años en que nuestro desempeño físico disminuya. Generalmente, es el miedo a repetir, a tener que cursar el mismo grado dos veces, lo que lleva a un adolescente a estudiar más. Como vemos, podríamos citar innumerables ejemplos de cómo un poco de miedo es necesario, saludable y nos hace bien.

El miedo se torna perjudicial cuando delante de una situación amenazante, se vuelve mayor que el peligro que realmente existe, y atormenta y paraliza a la persona. El miedo distorsiona la realidad y provoca una dimensión irreal de los hechos. El que posiblemente lo experimentó en toda su intensidad fue Juan, uno de los discípulos, cuando vio a Jesús caminando sobre las aguas del mar de Galilea. El miedo lo llevó a juzgar que aquello que veía era un fantasma, y sintió pánico. Algunos años más tarde, cuando le escribe una carta a los cristianos de Éfeso, Juan hace una afirmación enfática: *"El que teme espera el castigo"*.[13] Realmente esto es verdad.

Marina vivía sola en una ciudad bastante grande, cercana a San Pablo. Extrañaba tanto a sus seres queridos que la soledad y la tristeza se mezclaban en una crisis de depresión que necesitaba mucha atención. La depresión le producía tanta inseguridad, que comenzó a ser atormentada por sensaciones de miedo. Pensaba que las personas le harían mal porque en ese momento ella no conseguía confiar en nadie. Hasta creía que posiblemente la escuchaban con aparatos de espionaje instalados en mi consultorio para perjudicarla. Yo aceptaba y entendía el sufrimiento producido por los sentimientos de Marina, pero siempre le aseguraba que esas sensaciones no correspondían a la realidad. Más de una vez le pedí que ella misma examinase detalladamente todo mi consultorio para comprobar que no había cámaras y que no existía la mínima posibilidad de que alguien grabase nuestras conversaciones.

No se necesita mucho cocimiento en psicología para darse cuenta de que Marina mostraba síntomas del llamado síndrome de pánico, que se mezclaba con síntomas de alucinación persecutoria.[b]

Con paciencia y compasión, me aparté de ese diagnóstico y le presté completa atención al sufrimiento y a todo lo que Marina contaba. Su historia comprendía varias situaciones en las cuales se sentía perseguida y obligada a realizar aquello que no podía y

---

b. El síndrome de pánico se caracteriza por ataques repentinos y frecuentes de sensaciones exageradas de miedo, sin motivo o justificativos aparentes. Esas sensaciones presentan también síntomas fisiológicos tales como: sudores, taquicardia, opresión, ahogos, dolores de estómago, dolores en el pecho y alteraciones intestinales. Cuando pasa, la persona siente miedo de tener otros ataques, vive preocupada con respecto a su estado de salud (por ejemplo: miedo a tener un ataque cardíaco en la próxima manifestación de la crisis) o de las posibles consecuencias del ataque de pánico (miedo de perder el control sobre sí mismo, de enloquecer, morir, etc.). La alucinación persecutoria es un desorden mental caracterizado por sensaciones (visuales, auditivas, etc.) atribuidas a una persecución en la cual la persona cree, pero que en realidad no existe. Tanto uno como otro, pueden estar relacionados a sentimientos o a experiencias personales que aún no fueron trabajadas y aclaradas emocionalmente.

que muchas veces no precisaba ser hecho. Una de esas situaciones provenía de su infancia; sus mayores le exigían que siempre tuviera la máxima nota y que fuera sobresaliente en los exámenes de la escuela. Cuando no lo conseguía, Marina era humillada delante de sus compañeros y de sus hermanos más chicos. La amenazaban con castigos si no lo lograba al mes siguiente. Además fue educada en una iglesia en la que los sermones exigían que los fieles dignos presentaran un comportamiento impecable. Explicaban que si no se lograba ese comportamiento, el castigo divino caería sobre ellos.

En la mayoría de las personas diagnosticadas como portadores de síndrome de pánico encontramos que sufrieron miedos intensos en su historia. Estos miedos se manifiestan durante una situación idéntica, o en alguna experiencia que representa simbólicamente la situación de miedo del pasado. El miedo intenso, el pavor, produce muchas veces un desequilibrio neurológico. En esas situaciones, es muy importante el acompañamiento médico, que con la ayuda de exámenes podrá diagnosticar con precisión la necesidad o no de remedios para que el equilibrio fisiológico se restablezca. Al mismo tiempo, para que la persona pueda identificar la raíz de su miedo exacerbado es indispensable tener un acompañamiento psicológico. De este modo se logra destruir valores, creencias distorsionadas y memorias que fueron sedimentadas en su vida, para llegar a reconstruir algo nuevo, sin el clima amenazador anterior.

Marina aceptó tener una consulta con un médico clínico y tomar un remedio que pudiese calmar un poco su cuerpo y su cabeza, con el fin de sacarla de esa situación de vigilia constante que estresaba su físico e interfería en su rendimiento profesional. Pronto fue aceptando que su mente confundía lo que era real y lo que sentía. Pudo identificar situaciones reales en las que se sintió amenazada y no se defendió.

Con el tiempo, Marina recuperó la posibilidad de diferenciar las sensaciones registradas en su cuerpo de las amenazas de la vida real. Ella sabe que su inseguridad puede volver y sacudir sus emociones, pero ahora parece más preparada y fortalecida para evitar una posible confusión mental.

Volvamos a la historia de Mauro, con la que introduje el tema de la depresión y el miedo. Durante seis meses estuvo bastante deprimido. Tomó la decisión de no usar remedios, diciendo que en su caso los efectos colaterales eran peores que el sufrimiento causado por la depresión. Poco a poco, se dio cuenta que era un adulto que podía enfrentar situaciones de amenaza y descubrir si era capaz de soportarlas. En el caso del impuesto, reconoció que, si estuviese endeudado de verdad, podría pagar en cuotas y saldar su deuda. Su familia fue comprensiva y amorosa, se colocó pacientemente a su lado, sin censuras y obligaciones. Hoy Mauro dice que su sufrimiento era como vivir en noches de tinieblas tenebrosas.

—Fue horrible, pero terminó; aún siento algunos temores, pero aprendí a lidiar mejor con los sentimientos, a evaluar la intensidad de mis sensaciones y compararlas con la realidad de lo que me parece una amenaza.

Es muy importante que padres y profesores sepan cómo lidiar con los miedos de un niño, que generalmente son infundados desde el punto de vista racional de un adulto. No soluciona nada decirle al niño que no hay nada en su cuarto a la noche, cuando tiembla de terror de que un animal imaginario lo ataque. En ese momento lo mejor que podemos hacer es estar con él y que sienta la seguridad de nuestra compañía, mientras le hacemos comprender que entendemos su miedo.

Presencié una escena que puede reafirmar lo que digo. Mi marido es un abuelo tranquilo y amoroso. Una noche, cuando estábamos en la casa de campo, invitó a mi nieto de 5 años a una aventura. Y a pesar de que tenían las linternas encendidas, el niño tenía bastante miedo a la oscuridad y comenzó a decir:

—Abuelo, estoy con mucho miedo.

—¡Es normal sentir miedo! —respondió el abuelo—. Aún hoy tengo algunos miedos, y cuando era chiquito como tú también sentía miedo de la oscuridad.

—¿De verdad abuelo? ¿Y qué hacías? —interrogó el pequeño.

—Me quedaba cerquita de mi papá, tomaba su mano y entonces mi miedo se hacía chiquitito.

El niño instantáneamente se acurrucó bien cerca de su abuelo, buscando tomar su mano que podría ofrecerle más seguridad.

En vez de decirle a un niño que no precisa tener miedo, deberíamos reconocer como legítimos sus sentimientos de inseguridad y darle la libertad para expresarlos cada vez que surjan. De esta manera, el niño integrará de a poco en su experiencia la capacidad de actuar en situaciones en las cuales sentir miedo está presente. No es la ausencia o la negación del sentimiento del miedo lo que hará que alguien sea reconocido como valiente. Valientes son aquellos que sienten miedo y a pesar de ello evalúan la realidad de las situaciones temibles y las enfrentan aunque corran serios riesgos, cuando se dan cuenta de que las pueden superar.

Para terminar, quiero dejar registrado que uno de los momentos que ayudó bastante a Mauro fue cuando se acordó de las palabras de Cristo a los discípulos:

Por eso les digo: No se preocupen por su vida, qué comerán o beberán; ni por su cuerpo, cómo se vestirán. ¿No tiene la vida más valor que la comida, y el cuerpo más que la ropa? Fíjense en las aves del cielo: no siembran ni cosechan ni almacenan en graneros; sin embargo, el Padre celestial las alimenta. ¿No valen ustedes mucho más que ellas? ¿Quién de ustedes, por mucho que se preocupe, puede añadir una sola hora al curso de su vida? ¿Y por qué se preocupan por la ropa? Observen cómo crecen los lirios del campo. No trabajan ni hilan; sin embargo, les digo que ni siquiera Salomón, con todo su esplendor, se vestía como uno de ellos. Si así viste Dios a la hierba que hoy está en el campo y mañana es

arrojada al horno, ¿no hará mucho más por ustedes, gente de poca
fe? Así que no se preocupen diciendo: "¿Qué comeremos?" o "¿Qué
beberemos?" o "¿Con qué nos vestiremos?". Porque los paganos an-
dan tras todas estas cosas, y el Padre celestial sabe que ustedes las
necesitan. Más bien, busquen primeramente el reino de Dios y su
justicia, y todas estas cosas les serán añadidas. Por lo tanto, no se
angustien por el mañana, el cual tendrá sus propios afanes. Cada
día tiene ya sus problemas.[14]

Tipos de depresión

En mi opinión, para clasificarlas con precisión tendríamos
que especificar los tipos de depresiones contando la cantidad de
personas deprimidas. Entiendo que cada persona deprimida tiene
una historia única y distinta de cualquier otra crisis depresiva.
Mientras tanto —por una cuestión más didáctica que terapéutica— mantuve la clasificación general para ayudar en la comprensión a los que se encuentran interesados en el tema.

Según las investigaciones realizadas en el área médica, la depresión puede clasificarse, dependiendo de la causa, como depresión del puerperio (posparto), depresión senil (en los ancianos) o
depresión infantil (en los niños). Existe consenso entre los profesionales de la salud en que la depresión es un estado común pero
complicado, difícil de definir o describir con exactitud.

A diferencia de otros trastornos, la depresión puede manifes-
tarse de distintas formas. Las manifestaciones de los síntomas son
desiguales de persona a persona en intensidad y en frecuencia.
Pueden presentarse en cualquier edad y de varias maneras.

El Dr. Uriel Heckert dice que hoy en día recibe grandes inversiones para investigar el campo de los trastornos de humor.

Por eso supone que acontecerán cambios en las tipologías,
al buscar mayor precisión en los diagnósticos y tratamientos.[15]
Pero, en una clasificación general que abarca casi todos los tipos

y causas, se habla de la depresión reactiva o exógena y de la depresión endógena.

El tipo identificado como depresión reactiva o exógena es también llamada depresión neurótica. Se manifiesta por reacciones depresivas a circunstancias dolorosas que presentan una duración e intensidad desproporcionadas a los hechos. Está más ligada a factores externos que a internos. Es una crisis depresiva ante una pérdida real o imaginaria, o a cualquier otro trauma de la vida.

En septiembre de 1999 comencé a darme cuenta de que estaba sin interés por la vida. Me despreocupé de la alimentación y dejé de hacer ejercicios físicos. Como consecuencia, comencé a engordar y no me esforcé por comer menos dulces o cualquier otro alimento que me engordara. Cuando menos lo esperaba, sentía una tristeza profunda e inexplicable. Muchas veces lloraba inconsolablemente. Empecé a pensar que sería bueno morir. No tenía el propósito de acabar con mi vida, pero si hubiese recibido un diagnóstico de que viviría poco tiempo no me hubiese importado. Y, con seguridad, no era por mi fe en que la vida después de la muerte es mejor.

Conversé con mi psicoterapeuta al respecto. Entonces hizo una evaluación de los últimos acontecimientos: Casia, mi hija, se había casado; Eliel, mi marido, cambió de vínculo laboral en la iglesia, por lo que pasó a ganar menos de lo que ganaba hasta ese momento; un joven y querido pariente muy cercano había terminado su noviazgo poco tiempo antes de casarse, y su novia era como una hija para mí, muy querida y amada. A Virginia,[c] una gran amiga, bastante más joven que yo, le fue diagnosticado un cáncer terminal. Cida Daderio, otra amiga por la que tenía un cariño muy especial, cuya presencia despertaba en mí la seguridad de que yo era muy amada, falleció repentinamente. Sumemos a

---

c. Virginia Moreira no es la misma autora que cito aquí falleció el día 30 de Abril de 2000.

todo esto que yo trabajaba como psicoterapeuta y supervisora un promedio de treinta y cinco horas por semana. Teniendo en cuenta además las conferencias, los estudios espirituales, los cursos que continuamente hago, me di cuenta de que existían bastantes motivos para sentir síntomas depresivos. Se presentaba un cuadro de depresión, llamada reactiva, provocada por situaciones de estrés y pérdidas en un corto espacio de tiempo, que necesitaba de cuidados y atención.

La llamada depresión endógena o distimia está relacionada con factores internos. Caracterizada por síntomas más intensos pero más discretos; no siempre observables con claridad, pero que permanecen por mucho tiempo. Parece surgir espontáneamente desde lo íntimo, y aun sometida a una investigación del profesional es difícil encontrar la causa externa. Es aquella situación en que todo está bien: la persona puede estar realizada profesionalmente, vivir en una familia estructurada, tener buena salud, presentar una vida cristiana adecuada, pero es atacada por una angustia y una aflicción sin explicación aparente. Las depresiones clasificadas de esta manera tienen la característica de estar acompañada por muchos sentimientos de culpa y autorechazo. Es lógico, porque lo que más se escucha es que no existen razones para que la persona se deprima. Se agudiza en un contexto evangélico, y lo que más lo agrava es que se sugiera que todo es un ataque o posesión satánica, que necesita de mucha oración y liberación.

Entre las personas con este tipo de depresión están aquellas que sufrieron privaciones afectivas, físicas y emocionales en sus primeros años de vida. Eso no significa que todos los que sufrieron tales privaciones serán depresivos. Conviene resaltar también que muchas veces los daños sufridos no fueron visibles, sino que vinieron como herencia del clima que reinaba en el ambiente vivido por el niño.

Este es el caso de Karen, que tenía una profunda tristeza, apatía, miedo a la muerte, desánimo y mucha aflicción. En el momento en que aparecieron los síntomas las cosas estaban bien: el marido la amaba y ella sentía su amor; los hijos mostraban un comportamiento normal, eran buenos alumnos y no causaban mayores problemas.

Karen no entendía la causa de su depresión. Pasó por distintos médicos, se sometió a varios exámenes y clínicamente no había nada que justifique los síntomas de angustia. Para traer un poco de alivio, su médico le recetaba algún calmante. Karen nunca fue castigada físicamente; su madre era cariñosa y afectuosa. Pero el ambiente de su casa fue siempre de mucha hostilidad, miedo y rigidez, producido por la austeridad silenciosa del padre.

Después de algún tiempo en psicoterapia, Karen entendió que con ella no había sucedido nada grave, pero interiorizaba todo el clima represor y sin libertad de expresión de su casa. Ante la dificultad de expresar la tristeza, el miedo y la impotencia que frecuentemente sentía, adoptó una dinámica de introversión y timidez.

Pronto Karen trajo a la memoria las situaciones vividas en la infancia y pudo darse cuenta de cuánta hostilidad tenía en su interior. Reconoció la realidad de no haber tenido un padre que le diera la libertad de ser lo que ella era. Entró en un proceso doloroso: sentir que había perdido algo que nunca llegó a tener. Superó sus crisis depresivas y actualmente consigue convivir bien con el lado triste y sombrío de su historia. Como un capítulo enriquecedor del pasado, entiende que lo que le pasó contribuyó en la capacidad que tiene hoy para crear y facilitar un ambiente donde las personas se expresan con libertad.

En cualquier tipo de depresión, aun en las más leves, existe un gran sufrimiento emocional, con repercusiones físicas y sociales que ocasionan posibles perjuicios en varias áreas de la vida personal. Por ese motivo, mi primera preocupación cuando atiendo a alguien que se muestra deprimido es no definir o clasificar su depresión, sino escuchar la historia de la persona, intentar comprenderla y aceptarla en su incomodidad. A partir de ese momento, caminamos juntos para ver la extensión y las causas que despiertan en aquel momento los síntomas reconocidos y diagnosticados como depresivos. Las clasificaciones pueden ayudar, siempre y cuando sean hechas para entender mejor todo lo que se dice respecto de la persona y para hacer uso de todos los recursos disponibles para que ella encuentre el bienestar que busca.

El peligro de los diagnósticos

Para la medicina se plantea un problema ante las dificultades para elaborar un diagnóstico preciso sobre la depresión. Las enfermedades de orden fisiológico requieren un diagnóstico lo más exacto posible, a fin de que la indicación de una cirugía o los medicamentos prescriptos sean los convenientes al caso. Pero cuando se trata de síntomas relacionados con la depresión existe una ventaja: los profesionales le prestan especial atención a la persona, en su búsqueda para encontrar un diagnóstico correcto, evaluar la necesidad o no de remedios, determinar cuáles serán los más indicados, por cuánto tiempo usarlos, e indagar si se requiere acompañamiento psicológico.

Carl Rogers, padre de la psicología humanística, comenzó su profesión como psicólogo, según sus propias palabras: "Durante un trabajo de diagnóstico y planeamiento"[16] en una institución que recibía niños considerados delincuentes, que no poseían recursos financieros. Después de trabajar doce años de esa manera, Rogers concluyó que los diagnósticos tenían una eficacia superficial, no ayudaban a los padres en el trabajo de restauración de sus hijos y muchas veces llegaban a perjudicarlos. Que aumentaban cada vez más la culpabilidad que sentían los padres y los dejaban más desorientados que al inicio. Rogers se posicionó radicalmente contra el diagnóstico de comportamientos. Su opinión en ese sentido es que si tiene que existir ese tipo de diagnóstico, debe partir de la propia persona a medida que se da cuenta de su situación y aumenta su autoconocimiento. Se elimina de esta forma la creencia de que el profesional en psicología es un especialista todopoderoso, del cual todos los otros son dependientes para una evaluación e interpretación, y se debilita su autoconfianza, percepción de sí y su autonomía.[17]

Lo primero que tenemos que hacer como profesionales en psicología antes de aceptar cualquier diagnóstico presentado por la persona o por quien la haya derivado, es escuchar todo lo que ella quiere decir respecto de sí misma, con genuino interés, empatía y mucha atención.

Tom Cruise es un buen ejemplo de alguien que, con la ayuda de su madre, no se dejó llevar por el peso del diagnóstico. En una entrevista, al responder a la pregunta sobre la dislexia que le fuera diagnosticada en su infancia, dijo:

> Sí, pero yo no creí. Cuando crecí intenté con la lectura dinámica y sólo encontraba obstáculos; para mí eso no tenía sentido, vivía frustrado; sin dudas, tenía dificultades para leer. Yo era, en la definición de ellos, un disléxico, y probablemente sufría de disturbios de déficit de atención. Me preguntaba: ¿por qué tengo ese problema? ¿Cómo podré solucionarlo?[18]

Al preguntársele por los remedios para esos problemas respondió que su mamá, Mary Lee, nunca dejó que fuese medicado. Y no por eso Tom Cruise dejó de ser exitoso en su carrera de actor. El hecho es que cuando un niño presenta cierta dificultad para leer y escribir puede ser ayudado, si es diagnosticado correctamente.

Diagnóstico es una palabra que viene del griego, que literalmente significa: "conocer por medio de". Henri Nouwen[19] menciona que el doctor Karl Menninger, psiquiatra americano reconocido por el amor e interés genuino que demuestra por sus pacientes, durante una clase aclaró que lo más importante para un tratamiento eficaz sería empezar por el diagnóstico. Y Nouwen dice respecto de lo que sería un diagnóstico, teniendo como base la definición etimológica de la palabra:

> Vemos que el primer y más importante aspecto de toda la cura es el esfuerzo interesado por conocer integralmente a los pacientes, con sus alegrías y dolores, placeres y tristezas, los altos y bajos que formaron su vida y que a través de los años lo llevaron a la presente situación. Eso no es fácil, puesto que no solamente los nuestros, sino los dolores de otras personas son difíciles de encarar. De la misma forma que nos encanta llegar a destino usando atajos, también nos gusta llevar consejos y tratamiento a los otros sin saber exactamente cuáles son las heridas que necesitan ser curadas.[20]

Lamentablemente me doy cuenta de que en la actualidad, sobre todo en los síntomas que pueden caracterizar algún tipo de depresión, los diagnósticos sirven solamente para que se justifique el uso de remedios. Veamos lo que dice Virginia Moreira:

> Pero son muchos, y cada vez mas frecuentes, los casos en los cuales el diagnóstico es "enfermante", o sea, se medica el sufrimiento psíquico como un sistema individual, cuando muchas veces es un síntoma social, acompañado de situaciones de la vida del orden social y político, tales como situaciones de violencia, corrupción, disputa o explotación social. Eso sin hablar de que muchas veces se prescribe tratamiento para la tristeza, un sentimiento genuinamente humano, que no es patológico. La tristeza precisa ser vivida, elaborada, y no anestesiada por medio de drogas.[21]

El diagnóstico se volvió, en muchas situaciones, mucho más un rótulo que un medio de escuchar al otro atentamente para conocerlo mejor. Marcos Alberto Da Silva Pinto, psicólogo con mucha experiencia clínica, afirma en un artículo publicado en su sitio:

> El diagnóstico ha sido usado mucho más para estigmatizar y menos para ayudar. A través del diagnóstico, el otro ya no interesa, tampoco sus sentimientos, miedos y necesidades. La persona que está atrás del diagnóstico se vuelve un simple colaborador.[22]

Tom Cruise podría haber sido un ejemplo de lo que Marcos Alberto afirma en el caso de que su mamá no hubiese mantenido firme su decisión.

También el diagnóstico puede volverse peligroso para la familia de alguien que presenta una enfermedad o dificultad emocional. Oswaldo Dante Di Loreto, médico psiquiatra, relata ese peligro de una manera ligeramente humorística:

> (Existen) familias en las cuales una convulsión, o apenas una arritmia o un error genético, sueltan todos los odios encubiertos, todas las acusaciones y resentimientos. El niño pierde la identidad humana y pasa a ser "la convulsión", "la arritmia" y "el soplo". No puede disfrutar de ningún helado porque "cuidado con la convulsión", o puede disfrutar de todos los helados porque "pobrecito la convulsión". Y de esta manera andan entristecidos, agresivos o delirantes.[23]

Lo peor de todo eso es que muchas de esas personas podrán buscar ayuda en la psicoterapia y caer en un consultorio cuyo profesional lo verá solo como esto o como aquello, reforzando un rótulo ya recibido. Es como perder la identidad personal y única, y ser visto como el rótulo recibido a través del diagnóstico.

Elizabeth Kübler-Ross, médica suiza, cuenta su experiencia con las personas diagnosticadas como psicóticos cuando fue a trabajar en un hospital para enfermos mentales:

¿Qué es lo yo sabía de ese aspecto de la psiquiatría? Nada. Pero sí sabía respecto de la vida, y me abrí a la miseria, a la soledad y al miedo que aquellos pacientes sentían. Si deseaban conversar conmigo, yo conversaba. Si hablaban sobre sus sentimientos, escuchaba y respondía. Ellos se daban cuenta y, de repente, ya no se sentían tan solos ni atemorizados.[24]

Tenga el diagnóstico que tenga, no podemos nunca, como profesionales, olvidarnos de que allí hay una persona con sentimientos y necesidades, con una historia de vida única e inigualable que precisa ser considerada sin el filtro del diagnóstico, y merece nuestro respeto y un completo y genuino interés. Erramos vergonzosa y cruelmente cuando pasamos a ver a la persona a través del diagnóstico. La persona siempre será mas importante que el diagnóstico; este es solamente una referencia y no lo contrario. Precisamos revertir la utilidad del diagnóstico a favor y en beneficio de la persona.

Beth no terminaba de entrar en mi consultorio cuando dijo:

—Soy distímica.

—¿Qué es eso? —le pregunté, no porque no conociese el significado de la terminología, sino porque quería saber lo que significaba para ella.

—Hay un componente en mí que me deja triste y de mal humor.

Interrogada sobre cuándo comenzó esa distimia, comenzó a contarme un poco cómo había vivido los últimos años.

Cuando sus hijos aún eran pequeños, su marido la abandonó y formó una nueva familia. Hacía ya algunos años que no proveía económicamente para sus tres hijos, lo que dejaba todos los gastos y cuidados bajo la responsabilidad de Beth. Como era dentista, ella abrió nuevos lugares en su agenda aumentó los horarios para otros pacientes, sacrificando su tiempo de descanso y placer para cubrir las necesidades de salud y de educación de sus hijos. Vivía en una casa contigua a la de su madre, que, según ella, era invasiva y quería controlar su vida, al intentar enseñarle la manera de educar a sus hijos y cuidar de su casa. Uno de sus hijos adolescentes presentaba un rendimiento escolar bajo, mostraba mucha rebeldía y no quería estudiar.

Al llegar a ese punto, se dio cuenta y me dijo:

—¿Tengo o no motivos para estar de mal humor?

Yo solo asentí con la cabeza, porque con seguridad mi semblante ya demostraba un poco de tristeza, indignación e impotencia: los sentimientos de su propia realidad que al tener una actitud empática sentía al escuchar su historia.

—Entonces no eres distímica, solamente reaccionas a una situación complicada, difícil y dolorosa.

Ahora era su momento de asentir con la cabeza. Y continuó:

—Qué bueno, me siento aceptada. Antes parecía que tenía algún defecto mecánico dentro de mí; por eso vivía triste y deprimida.

Después de un tiempo en psicoterapia, Beth terminó por darse cuenta de que tenía razones para estar triste, pero que había en ella una dinámica que no le permitía darse cuenta que podía elegir alternativas para salir de las situaciones que le provocaban mal humor y tristeza. Se mudó con sus hijos a un departamento más chico y tomó otras medidas que le aliviaron algunos de sus sinsabores.

En mi experiencia como consejera y psicoterapeuta clínica, me doy cuenta de que algunas personas diagnosticadas como depresivas solamente son individuos sensibles, introspectivos, no muy sociables y que poseen una riqueza interior sin igual. Y cuando son acogidos y amados como son encuentran libertad para manifestar esa riqueza en la música, el arte o en cualquier otra área en que sea necesaria un poco más de introspección.

Cada persona es única, y de esa manera tenemos que verla. Y nada es más importante que aquello que tiene para decir, dentro de su experiencia y percepción. Nuestra acogida y aceptación podrá ser lo que necesita para expresar su valor intrínseco.

Causas de la depresión

Así en el campo de la salud mental como en el de la salud emocional, se reconoce que existen múltiples causas para la depresión, entre ellas la predisposición genética y las alteraciones de funciones cerebrales, principalmente en el nivel de la neuroquímica.

Por otro lado, la predisposición psíquica individual también puede favorecer el desenvolvimiento del estado depresivo: patrones de pensamiento negativos, culpas, deseos y necesidades intensamente reprimidos, rabia contenida, exceso de introversión, dependencia y otros.

Algunas enfermedades clínicas variadas, como cáncer, esclerosis múltiple, mal de Alzheimer, disfunciones de tiroides, diabetes y artritis, asociadas al uso de determinados remedios, pueden ser señaladas como causas secundarias de la depresión.

El motivo farmacológico está relacionado al uso de sustancias químicas como el alcohol, anfetaminas, bloqueadores beta o esteroides.

La causa genética se vincula con lo hereditario, aunque la mayoría de los estudiosos parece detenerse más en las otras causas de la depresión, porque aún se discute si los hijos de padres depresivos lo serán también simplemente porque heredaron un gen depresivo, o porque aprendieron a serlo en función del ambiente donde fueron criados.

El estrés es considerado como una de las causas que detona la depresión. Muchas veces las necesidades de supervivencia o necesidades emocionales llevan a la persona a aceptar vivir situaciones en la cuales el organismo es sometido a ambientes inadecuados para la vida. Puede suceder que el ambiente sea el adecuado, pero ejerce constantemente fuerte presión sobre la persona, de tal manera que vivir en ese ambiente se vuelve tenso y estresante. El estrés prolongado lleva al agotamiento. Si está el individuo extenuado, varios disturbios pueden aparecer, tanto físicos como emotivos o psíquicos. Y la depresión es uno de ellos.

Otra causa de la depresión es la desigualdad social que genera un cisma. Divide de un lado a los más fuertes, poderosos y dominadores que reúnen en sus manos el dinero, el conocimiento y todas las posibilidades humanas como la cultura, el desarrollo, privilegios y posesiones. En la vereda de enfrente están los miserables, los desposeídos, que cansados se duermen sentados y hasta de pie dentro de los medios de transporte como ómnibus, subterráneos y trenes, porque pasan de dos a tres horas por día allí para ir y venir del trabajo, donde ganan un salario miserable.

A esta realidad de las grandes capitales de Latinoamérica, podemos sumar a los individuos de las ciudades más chicas, que no siempre precisan utilizar transporte pero también reciben un salario minúsculo que apenas alcanza para poner un plato de comida en la mesa. Es el grupo de personas que si se visten no comen, que obedecen y son subyugados, que no pueden soñar ni hacer planes, mucho menos ahorrar. Todos sus esfuerzos se agotan en hacer aquello que les alcance para comer y vestir.

En ese grupo de personas, la depresión, inclusive las más graves, puede aparecer como una enfermedad física y muchas veces se muestra con los síntomas de una enfermedad corporal. Un dolor de cabeza que no pasa, dolores en la espalda, un estado de anemia que se hace crónico, debilidad física, diarreas y una infinidad de otros síntomas. Aquel que vive con intensas privaciones de lo que es necesario, difícilmente tiene el derecho de estar triste. La tristeza termina siendo camuflada por otros síntomas, es la manera que el cuerpo encontró para soportar el desaliento y las frustraciones.

Existen otras causas para la depresión, como el vivir solo o estar sin trabajo, aunque se tenga lo suficiente para sobrevivir.

El desempleo produce una sensación de inutilidad. Regina Bogestam,[25] una brasileña que hace nueve años vive en Suecia para ejercer un cargo público, afirmó que aunque el gobierno sueco le pague un salario al desempleado, hasta que este consiga otro trabajo ocurren casos de depresión, porque la persona siente que es un peso para la sociedad.

El clima también puede acentuar cuadros depresivos. Días nublados, fríos y oscuros pueden interferir en el ánimo y en el humor de una persona. Felizmente, vivo en un país tropical (Brasil), en el que la mayor parte del año tenemos sol por varias horas cada día en todo el territorio nacional. Pero en los países nórdicos, en los que durante el largo invierno la oscuridad llega a durar dieciocho horas por día, la ausencia de la luz del sol es tenida como una de las causantes de las depresiones.

Si tuviéremos que resumir en apenas dos motivos a los causantes de la depresión, diríamos que son el luto y la culpa. En psicología, llamamos luto al proceso de reacción por las pérdidas, cualquiera que sea. Es el entristecerse por aquello que no se tiene más, deseándolo desde lo más profundo del corazón. La culpa es lamentarse por aquello que no queríamos haber realizado. Tanto la culpa como el luto están fuertemente ligados a las pérdidas y son reacciones que tienen funciones fundamentales y útiles en la madurez humana.

Luto

Psicológicamente hablando, el luto no se limita solo a las pérdidas de personas queridas por muerte. Incluye cualquier tipo de pérdida, que puede ser originada por muerte, mudanzas geográficas; ruptura de amistades, noviazgos, contratos, trabajos o separación conyugal y divorcio. Para que la persona enlutada pueda reestructurar su nueva realidad y continuar viviendo después de la pérdida sufrida, el luto necesita finalizar.

En caso de muerte de un ser querido, el proceso del luto es extremamente doloroso, y por esa razón muchas veces ni siquiera comienza. Otras veces es interrumpido por la mitad y el dolor por la pérdida queda medio adormecido, pero vive dentro de la persona, y le impide ver a aquellos que aún están vivos. El dolor sentido es extremamente profundo, cortante y desesperante, tanto para los casos de muerte como para los de separación de una persona querida o de alguien que tenía una relación muy estrecha con la persona que continúa viva.[26] Generalmente, la persona de luto entra en un proceso de mucha tristeza. En esas situaciones, sentir y permitirse entristecerse será parte de la reorganización para vivir sin la persona que se marchó. Es también una tristeza que, sentida en su total intensidad, aumentará la sensibilidad y traerá enriquecimiento para otras relaciones.

Rubem Alves, escritor, ve mucha belleza en la tristeza, a la cual le destina un capítulo de su libro *Tempus Fugit*, donde hace una descripción poética reconfortante del dolor ante la ausencia: "La tristeza es siempre bella, pues no es más que un sentimiento que se tiene delante de algo bello que se perdió".[27] Después continúa describiendo a la tristeza como un espacio adonde un día existía un encuentro, y va más lejos aun, cuando considera a la tristeza por la falta de alguien o algo una amiga.

La vida está llena de pequeñas despedidas, y precisamos aprender a manejarnos con ese dolor y a despedirnos de las pérdidas y partidas del día a día. Hay personas que nunca se despiden. Se van de vacaciones, pero continúan en el trabajo; vuelven al trabajo pero siguen de vacaciones. Anochece, y continúan de día; amanece y continúan de noche. Y de esta manera viven disociados; no están presentes en el momento con todo su ser; están siempre divididos entre lo que está disponible y lo que ya se fue. Yo creo que el crepúsculo es una oportunidad y un tiempo para despedirnos del día y abrazar la noche, de la misma manera que el amanecer es un tiempo para despedirnos de la noche y abrazar el día. Solamente es posible disfrutar de la vida con intensidad si aprendemos a decirle adiós a lo que ya se fue —aunque con dolor y añoranzas—para estar presentes a lo que está disponible.

Entre mis cosas tengo un correo electrónico de Denise Fraga Rosa, que cuenta cómo reaccionó ante la pérdida de Luana, su bebé que murió al nacer. Durante su segundo embarazo, Denise descubrió que el feto no tendría un desarrollo normal, pues tenía una deformidad en el pulmón llamada síndrome de displasia anafórica que impediría al bebé respirar al nacer, por lo que no sobreviviría al corte del cordón umbilical. En Estados Unidos, adonde ella vivía, los médicos le aconsejaron que se haga un aborto. Denise y Pierre, su marido, entendieron que no tenían el derecho de intervenir en la vida del bebé, y tomaron la decisión de no abortar, y llevar el embarazo hasta el fin, aunque sabían que el bebé no sobreviviría al dejar el útero. Luana, como estaba previsto, murió algunos minutos después del nacimiento. En enero de 2007, Denise escribió a todos aquellos que de alguna manera acompañaron su gestación. Entre las muchas lecciones aprendidas y relatadas durante todo el proceso —desde que supo que estaba embarazada, el diagnóstico y el ver finalmente la carita de su hija que sabía que no se quedaría con ella— transfiero algunas aquí:

- Es posible alegrarse con el prójimo, aunque estemos sufriendo
- Es posible sonreír en el medio del dolor profundo
- Debemos disfrutar cada momento como si fuese el último
- No vale la pena pelear por cosas pequeñas
- Comer mucho no disipa la ansiedad

Quiero destacar una de las lecciones que Denise Fraga enlistó y que está relacionada con la tristeza y el dolor: "Llorar mucho da sueño y disipa el hambre".

El llanto es el mejor canal para que la tristeza se escurra, pues disuelve los muros que se forman en nuestra alma delante de las pérdidas. Infelizmente, no sabemos manejarnos con el llanto y siempre queremos estancar las propias lágrimas o las de alguien que llora a nuestro lado. Es verdad que aquel que consigue llorar sus dolores y tristezas no será víctima de las depresiones llamadas crónicas o de lutos considerados enfermantes por causa del tiempo y extensión, que se prolongan muchísimo e impiden a la persona ocuparse de la vida y de los que están vivos.

No puedo dejar de alertar a los padres que no saben conducirse con el llanto de sus hijos, generalmente legítimo, y los hacen callar, tragar el llanto e ir a su cuarto. El adulto precisa tomar consciencia de que muchas veces el llanto es el único recurso que el niño tiene para comunicar un sentimiento que no sabe ni siquiera cómo llamar, como los celos, el miedo, la rabia y la tristeza; o para comunicar una necesidad que tampoco está completamente definida en su comprensión, como el hambre, el sueño, la necesidad de bañarse o el cariño. Más allá de eso, el llanto puede ser solamente la reacción ante una situación o un problema frente al cual el niño se encuentra impotente y no tiene ninguna fuerza o habilidad para solucionar. En esos casos, lo que el niño precisa es ser escuchado, comprendido, acogido; necesita saber que tiene el derecho de llorar y que el llanto es normal en esas situaciones.

El niño que se siente entendido en sus expresiones de llanto también tendrá mas facilidad para llorar sus dolores durante su vida adulta sin reprimirse y expresarlos con el fin de elaborar la tristeza de las pérdidas naturales de la vida, sin hacerse duro e insensible ni perjudicar su calidad de vida emocional en el transcurso de los años. Es así que la persona aprenderá a aceptarse a sí misma en sus expresiones de sufrimiento. Y el dolor del sufrimiento que es completamente entendido pierde su fuerza y disminuye delante de la autoaceptación. Como dice Scott Peck, escritor estadounidense,[28] "de cierta forma, deja de ser sufrimiento".

Aprender a soportar la ausencia es parte de la vida. No se puede querer aprender a manejarse con una posible pérdida en el momento en el cual un ser querido muere. Por eso los niños deberían participar de velatorios.[d]

La vida está llena de muertes y nacimientos. Necesitamos aprender a despedirnos del ser querido de la misma manera que es necesario aprender a dar la bienvenida al recién nacido.

Le diré algo que posiblemente usted ya sepa, pero que puede que no haya tenido en cuenta: siempre que hay alguna muerte aparece instantáneamente un nacimiento. Cuando no podemos contar con alguna persona o cosa que era parte del día a día de nuestro mundo, surgirán oportunidades de probar algo distinto, algo no conocido hasta ese momento. La consciencia de que la tristeza intensa al enlutar es saludable, hará que la persona se predisponga a darle la bienvenida a lo nuevo, hasta que la novedad deje de ser una novedad y se vuelva algo más personal.

Las pérdidas incluyen incendios, quiebras, separaciones, asaltos, catástrofes de la naturaleza, etc. y asimismo lo que voy a llamar pérdidas emocionales: aquellas en las cuales aparece la sensación de vacío por conceptos, creencias, valores, reputación o una autoimagen que perdió sentido.

Formamos imágenes idealistas tanto de nosotros como de las personas con las que convivimos. En el proceso de crecer somos convocados a reevaluar las idealizaciones, que son nada más que mentiras aplicadas como verdades. Y a medida que vemos una realidad distinta a la observada hasta ese momento, es posible que nos conmocione de tal manera que lleguemos a sentir algún tipo de luto —el vacío por la pérdida de aquello que hasta entonces creíamos que existía— porque verdaderamente perdemos la imagen que era real para nosotros.

Me acuerdo de Karina, una joven que se identificaba como alguien muy bondadoso y altruista, hasta que descubrimos en el proceso psicoterapéutico que distribuía lo que tenía a los otros

---

d. En el libro *Resurrección interior* comento más sobre este tema.

pues no conseguía darse bondadosamente a sí misma. Su grado de autoestima era tan bajo que no se sentía merecedora de nada. Todo lo bueno que llegaba a ella era automáticamente pasado a otro. A eso se sumó el descubrir que no había recibido todo el afecto que imaginaba de sus padres. Su padre tuvo serias dificultades para aceptarla cuando nació, y esa dificultad continuó por algunos años. Entonces la imagen que Karina tenía de un padre siempre amoroso cayó por tierra. Al descubrir la realidad, Karina sintió una sensación de vacío acompañada de un dolor muy intenso. Para poder reconstruir su imagen y asumir la verdad sobre su padre y aceptarla, pasó por un período muy largo de depresión.

Generalmente, las personas que se someten a la psicoterapia o que intentan cualquier crecimiento que provoca cambios en su vida tendrán que lidiar con la pérdida de la imagen construida que funcionaba como defensa y protección. Cuando se pierde esta fachada, la persona aún no está adaptada a lo nuevo que se presenta como verdad. Lo conocido y lo viejo ya no tienen sentido, pero lo nuevo aún no está sedimentado ni asimilado. Muchas veces lo nuevo no se presentó, por lo que es completamente desconocido. La sensación de nada, de vacío y de soledad es dolorosa y desanima. Es como si la persona se hubiese perdido a sí misma.

Pasemos ahora a algunos relatos de personas que pasaron por esa experiencia:

—Yo estoy sin piso debajo de mis pies —me dijo un hombre, después de descubrir la fachada con la que por muchos años se engañó a sí mismo.

—Ya no sé quién soy —dijo una mujer, cuando se dio cuenta de que lo que pensaba que era verdadero no tenía ninguna relación con su verdadera esencia.

—Me parece que desearía no haber comenzado con la terapia —me dijo otro hombre, que se dio cuenta del malestar que le provocaba deshacer lo que era falso en él mismo.

—¿Quiere decir que a usted le gustaría volver a ser lo que reconoció como una mentira? —le pregunté.

—Claro que no, porque ya no hay cómo volver atrás, ¿no es verdad? —respondió.

Es verdad, ya no hay cómo volver. El proceso de cambiar es doloroso, y por eso muchas personas consciente o inconscientemente no quieren trabajar en enfrentar con coraje los cambios necesarios en la propia vida, en la conducta y en el comportamiento. Pero puedo garantizar que vivirán más intensamente y con más riqueza los que no tienen recelos de sus propios pensamientos y sentimientos, aquellos que están en continuo cambio y buscan lo mejor para sí y para quienes los rodean. El que no busca cambios para no sufrir, al vivir bajo engaños es tragado por su propia rigidez. Oswaldo Montenegro, cantautor, sabía de eso cuando escribió la letra de esta canción:

Hoy sé que cambiar duele...
pero no cambiar duele más.[29]

Culpa

El hecho de ser capaz de sentir culpa favorecerá la autoevaluación y contribuirá para el desarrollo del proceso de decisión de la vida. Este es un asunto extenso que no podré abordar aquí en toda su amplitud, pero generalmente sentir culpa lleva a las personas a evaluarse para descubrir qué tipo de culpa lo ataca, si existe algo para arreglar; de este modo puede decidir cómo vivir ante el hecho que le hace sentir culpa. Las crisis depresivas suelen estar cargadas de culpas, algunas falsas —no por eso menos dolorosas que las legítimas—, que nunca fueron atendidas. Reveladas las culpas, podremos manejarlas y encararlas de una forma saludable y liberadora.

La culpa es un sentimiento que puede destruir a una persona y sus relaciones humanas. El camino de la culpa es el camino de la autopunición, en el cual la persona destruye su vida de a poco y renuncia a cualquier derecho que tenga porque piensa que no lo merece.

Carla estaba casada y tenía dos hijos. Vivía insatisfecha con su casamiento y no supo cómo manejar la insatisfacción hasta que encontró a un amigo de la infancia que suplía las necesidades que pasaban desapercibidas para su marido. Se involucró con su amigo y deshizo su casamiento

En los valores de Carla no había lugar para romper un casamiento, mucho menos para involucrarse con alguien fuera del matrimonio. Se sentía la peor de las criaturas por haber cometido errores tan terribles. Se veía como alguien que merecía el castigo, y no conseguía perdonarse porque le había gustado otro hombre. Entendía que Dios ya la había perdonado. Pero hay algo terrible en la naturaleza humana que lleva a la persona a entender el perdón de Dios y aun así no poder aceptar los errores cometidos desde una óptica de compasión y misericordia consigo misma, tal como Dios lo hace. Carla me vino a ver porque estaba deprimida y le parecía que la causa era la ausencia de los hijos. Le pregunté por qué no los visitaba, y me respondió:

—No tengo ese derecho, cometí un error absurdo, no merezco verlos.

Se dio cuenta, sin mucho esfuerzo, de que entregó sus hijos al padre casi el tiempo completo, porque se castigaba por la culpa que sentía al haber ofendido a Dios y quebrado sus propios valores.

Discutimos las dos juntas el hecho de que solo existe divorcio para la unión conyugal. No existe divorcio en la maternidad o en la paternidad, es imposible deshacer el vínculo de filiación. Aunque los cuidados que el niño requiere sean transferidos hacia otra persona, aun así la relación entre padre e hijos es eterna.

Los hijos de Carla, que ya estaban en la adolescencia, interpretaron el alejamiento de su madre como un rechazo de su parte. A pesar de todo, aún estaba a tiempo de retomar los vínculos, la responsabilidad y el placer de la convivencia con sus hijos a pesar de haber deshecho el matrimonio y tener una nueva relación. ¡Y felizmente lo hizo!

La culpa puede ser un sentimiento beneficioso. Cuando transgredimos un principio personal, religioso o social, la culpa funciona en primer lugar como un árbitro que nos lleva a pensar y a reflexionar respecto del acto practicado y, consecuentemente, a reevaluar si queremos o no continuar con aquella conducta. Sentir culpa es parte de la condición humana. Los animales no sienten culpa. Pero aquel que desea ser un ser humano en su totalidad tendrá que identificar y manejarse con la culpa. Judith Viorst, psicóloga estadounidense, refuerza la importancia de la culpa cuando afirma que "El mundo sería monstruoso sin ese sentimiento".[30] No estamos libres para el "vale todo". Tiene que haber un límite entre una persona y otra. La culpa es un auxilio para establecer ese límite. El sentimiento de culpa deja de ser benéfico cuando está unido a una realidad, un hecho o una ocurrencia de los que la persona no participó o en los que no tuvo responsabilidad, pero cree que tendría que haber procedido de otra manera o que podría haber hecho algo.

A los 18 años, Ellen —la menor de tres hijos— decidió cursar la facultad en otra ciudad, lejos de la casa de los padres. Cuando se mudó a otro campus universitario, su mamá se enfermó. Los dolores en todo el cuerpo fueron diagnosticados como fibromialgia.[e] La madre se quejaba de que se sentía muy sola y no tenía quién le hiciese compañía. Ellen se entristeció muchísimo,

---

e. El término fibromialgia se refiere a una condición crónica y generalizada. Es considerada un síndrome, porque engloba una serie de manifestaciones clínicas tales como dolor, fatiga, indisposición, disturbios del sueño. Ver www.fibromialgia.com.br (investigación del 6/12/2006).

porque deseaba estudiar en esa facultad y al mismo tiempo quería volver a casa para cuidar de su madre, al creer que tenía la culpa de aquella situación.

La madre no lograba percibir la incapacidad que tenía para separarse de la más pequeña de sus hijas y, también, para quedarse sola, algo tan común en el envejecimiento. Sus otros hijos ya estaban casados y, de alguna manera, las quejas de la madre pesaban sobre los hombros de Ellen, de tal modo que la culpa se volvió un peso casi insoportable y la llevó a tener momentos depresivos. Ellen aceptó el hecho de que era impotente para controlar la soledad y el bienestar de su madre o de cualquier persona que estuviese a su alrededor. Empezó a decir que no a las súplicas de su madre, sin dejar de cuidar de todo lo que ella necesitaba y de estar presente cuando era posible.

Muchas personas les echan la culpa a los otros —y muchas veces a sus hijos— por las cosas que no resolvieron a lo largo de sus vidas. La madre de Ellen nunca se preocupó por mirarse a sí misma para reconocer sus fragilidades, desarrollar su individualidad e identidad como persona e intentar vivir y decidir su propia vida en lo que era posible. Si Ellen entraba en ese juego, su vida también se transformaría en una vida estéril. Lo peor de todo es que no podía resolver las dificultades que tenía su madre para asumir las responsabilidades de su propia vida, al dejar a sus hijos las decisiones que la limitaban por causa de la edad.

Incluso es posible sentir culpa por las situaciones que sufrimos como consecuencia de algún acontecimiento trágico en la vida. Christopher Reeve,[31] actor ya fallecido que interpretó a Superman en el cine, sufrió una lesión en la médula espinal después de una caída en una competición ecuestre a la que sobrevivió pero que lo dejó parapléjico. Reeve dijo en una conferencia que cuando sufrió el accidente se culpó al pensar que era una persona mala y que debido a su maldad había sido castigado con la caída del caballo.

Además de todos los dolores físicos, de las molestias y de la depresión —que en ese momento formaban parte del proceso de asimilar la nueva etapa de su vida—, tuvo que cargar con el peso del sentimiento de culpa, que en este caso no era de nadie. ¡Fue un accidente!

La película *Genio indomable* relata la historia de Will Hunting, interpretado por Matt Damon, un joven carismático que había sufrido rechazo en su etapa de formación. Se le había reconocido como un genio, pero se volvió rebelde y no aprovechó su potencial porque estaba prisionero por la culpa de no haber tenido familia, de no tener raíces, de haber vivido en varias casas e instituciones y de no conseguir construir vínculos profundos de intimidad. La esperanza de Will se presentó en la persona de un profesor y psicólogo, Sean Maguire, interpretado por Robin Williams, que lo respetó como persona, fue acogedor y tuvo un verdadero interés por él. Poco a poco, Sean construye un vínculo de confianza con el joven e incluso le convence de que no son culpa suya las cosas que le sucedieron, ya que estaban fuera de su control.

La culpa más devastadora es aquella que está relacionada con algo que no se puede solucionar. La culpa por la práctica de un aborto, por ejemplo, o incluso el reconocer haber tenido una conducta inadecuada como padre o como madre. El tiempo no vuelve. ¡El pasado es el pasado! Este es un tipo de culpa que puede provocar desesperación, que solo va a encontrar alivio en el autocastigo o en la búsqueda de un sufrimiento infligido a uno mismo, como puede ser involucrarse en relaciones nocivas. El individuo puede pasar la vida entera castigándose en la convivencia y en las relaciones con personas insensibles y críticas, que son explosivas y usan la violencia, o incluso con personas que no se dan, no cambian y no ceden nada de sí mismas al otro. De esta forma, los culpados encuentran el castigo que les puede proporcionar un poco de paz.

Uno de los aspectos más terapéuticos del sacrificio vicario de Cristo es que en su condenación a muerte en la cruz, el castigo que nos trajo la paz estaba sobre Él, y por su herida hemos sido sanados.[32] Esto es lo más liberador que hay en el cristianismo. El precio que tengo que pagar para aliviar la culpa que tengo, sea buena o mala, exagerada o adecuada, consciente o inconsciente, verdadera o falsa, ya fue pagado. Es como si existiera una hoja en un libro con mi nombre, y las columnas de débito y crédito presentaran un saldo imposible de pagar, aunque me muriera; pero encima de la deuda hay un sello con letras perfectamente nítidas que cubren el valor de mi débito: ¡PERDONADA!

De todas las cosas bonitas que tiene la fe cristiana, esta es una de ellas: mi deuda, sea cual sea, ya está pagada. Tengo que aceptar el hecho de que el amor divino está a mi disposición, gratuitamente. Todo el mal que puedo haber cometido ya ha sido pagado. Pablo de Tarso, el apóstol, consiguió tomar posesión de ese amor de tal forma que escribió una carta a los cristianos de Éfeso y reafirmó el amor disponible al decir que nosotros estábamos muertos en el medio de tantas transgresiones y que éramos merecedores de la ira:

> *Pero Dios, que es rico en misericordia, por su gran amor por nosotros, nos dio vida con Cristo, aun cuando estábamos muertos en pecados. ¡Por gracia ustedes han sido salvados!* [33]

Todos necesitan este recurso, pero la persona culpable que está deprimida lo necesita más todavía, para saber que puede ser libre de la culpa, sea por el motivo que sea. Por medio del sacrificio de Cristo somos absueltos; podemos vivir y deslizarnos por el mundo como bailarines en una danza.

El valor de la depresión

> Las artimañas que usamos para escaparnos de la aflicción nos desvían de los objetivos que tenemos en nuestra vida. Y es justamente por ellos por los que vale la pena vivir.
>
> Steven Hayes

Puedo imaginarme que muchos lectores al leer este subtítulo tienen dudas de que exista algún provecho en la depresión o en cualquiera de los síntomas que se relacionan con ella. Pero la depresión no es mala del todo, e incluso hay depresiones que son verdaderamente positivas, que aparecen no solo para preservar a la persona, sino también para reestructurar todo el sistema familiar en el que se inserta.

Deprimirse es una señal de que hay alguna cosa que tiene que cambiarse. Y solo se deprime el que todavía tiene vida y está fortalecido para soportar todo el horror de la depresión.

Para Scott Peck, la depresión está relacionada con los procesos de renuncia necesarios en una vida de cambio y crecimiento. "La depresión es un fenómeno normal y básicamente simple",[34] explica Peck —y yo estoy de acuerdo— en que el proceso depresivo es una señal de que la persona entró en algún tipo de renuncia a algo que ya no le sirve. A lo largo de nuestra vida hay varias renuncias que tenemos que enfrentar, si queremos tener un renacimiento hacia nuevas etapas, que también podrán estar acompañadas de depresiones:

- Los privilegios infantiles de una vida con pocas responsabilidades.
- La omnipotencia de la adolescencia
- La imagen distorsionada de los padres
- El deseo de ser exclusivo
- El confort de la falta de compromiso

- La creencia de la libertad total
- La fuerza, la belleza y la potencia sexual de la juventud
- La independencia de la salud física
- La utopía de vivir independientemente de los otros

Y, usando las palabras de Peck, "La personalidad es la propia vida".[35]

El ser humano necesita despedirse de todas estas cosas. El que finge que está en una fase que no le corresponde —como quien quiere comportarse como un adolescente a los 50 años o ser un viejo a los 18, o cree que tiene el poder y la fuerza que ya no se tiene— se miente a sí mismo y no disfruta de las riquezas normales de todos los ciclos de la vida.

En general, el paso por las respectivas etapas deprime, y al final hay una especie de luto. Y muchos buscan ayuda en la psicoterapia precisamente porque están deprimidos y quieren librarse de las molestias y el desasosiego de la depresión. Verdaderamente la ayuda que necesitan estas personas es la de percibir las situaciones a las que necesitan renunciar, para despedirse de lo que no forma parte de la vida y asumir las situaciones nuevas y reales, concluyendo de este modo el ciclo depresivo.

Está claro que todas las situaciones de depresión han de ser tratadas con cuidado hacia la persona que está deprimida y también hacia los familiares que tiene a su alrededor. Incluso cuando sea notorio que la depresión ha sido una forma, ahora más fortalecida, de dar un grito de alerta de que algo tiene que ser diferente en su vida o en aquel ambiente, se necesitan los cuidados de un profesional que podrá caminar con la persona en el abandono de los viejos hábitos, comportamientos o actitudes y en la reorientación de la propia conducta en el vivir cotidiano.

Existen muchas situaciones que se vuelven insoportables para un joven. Una de ellas es la de tener que ir a la escuela o hacer un determinado curso que no le gusta. Si a este joven no lo escuchan ni lo consideran sus padres o responsables, su esquema psíquico podrá desarrollar una depresión como forma de protección y preservación. Muchos padres harán lo que sea cuando noten que su hijo cayó en depresión, y escucharán con atención lo que le hace daño al joven. Pero no prestarán oído en el caso de que se queje porque no se encontraba bien en la escuela o en aquel curso.

Francisco era el segundo de cinco hermanos. A los 25 años, se dio cuenta de que estaba deprimido. Dejó la postgraduación, perdió el interés por la vida y cayó en una profunda tristeza. Cuando llegó a la psicoterapia alegó que ya no soportaba ser fuerte, hacer todo correctamente y que se veía muy solo. Estaba decepcionado con los amigos, no podía hablar con su padre, que era un empresario exitoso y en realidad nunca le había prestado mucha atención a ninguno de sus hijos. Francisco tampoco conseguía comunicarse con su madre adecuadamente.

Después de algunos encuentros, al darse cuenta de que estar solo siempre había sido una realidad en su vida, se puso todavía más triste y prácticamente lo dejó todo, incluso la psicoterapia. Se enterró bajo una colcha y se quedaba en la cama día y noche. Se negó a recibir a ninguna persona. No respondía al teléfono y evitaba todo tipo de comunicación.

Su padre no tardó mucho en llamarlo y arreglar un encuentro, al que fue con su mujer. Hizo lo mismo con el médico y el psiquiatra. Por primera vez, ese padre puso como prioridad el bienestar de su hijo. Estuvo algunas horas escuchándolo. Tomó la decisión de cambiar algunas situaciones que eran intolerables y ofensivas a los ojos de su hijo. Afirmó su amor e interés y reconoció que no se había dado cuenta del mal que le había hecho. Por otro lado, Francisco se fue animando y retomó algunas actividades rutinarias, como la psicoterapia. Un año después, con ayuda de la medicación y con el apoyo psicológico en la terapia, Francisco empezó a trabajar y a conseguir el propio sustento.

Si Francisco le hubiera pedido ayuda a su padre, es muy probable que él lo hubiera llamado niño y lo hubiera acusado de llorón y mimado. La depresión de Francisco fue muy dolorosa y angustiante, pero fue el único medio que encontró su cuerpo en conjunto con sus emociones para comunicarle a su padre que su presencia era primordial. Pero no es una forma conciente de conseguir lo que tanto se necesita, ni de comunicar lo que es importante. La persona no sabe cuál es el motivo de su depresión. Sólo se da cuenta de que no es la misma. Sin embargo, los que aprovechan los períodos depresivos para darse cuenta de las dinámicas usadas en la vida, percibirán que la depresión pude funcionar como una sirena que alerta que un determinado local corre peligro de incendio.

Además de eso, los períodos depresivos conllevan un contacto introspectivo mayor. Y algunos solamente consiguen verse por primera vez a sí mismos mediante la depresión. Lo más interesante es que en este viaje a las profundidades de nuestro interior es posible descubrir y rescatar ricas cualidades que, con toda seguridad, ayudarán a muchas personas.

Las obras de arte de todo el mundo se realizaron en momentos de introspección. Y muchas de las personas que dejaron una gran herencia a la humanidad, hoy en día serían diagnosticadas como personas con depresión profunda.

Van Gogh, pintor holandés del siglo XIX, era un hombre sensible, introspectivo y solitario. Solo su hermano Theo creía en él, y no midió esfuerzos en ayudarlo. Su vida estuvo marcada por las personas que no supieron aceptarlo. Muchos lo rechazaron. Se sentía solo y sin amigos. Pienso que su mayor tristeza estaba relacionada con el hecho de haber sido rechazado como pastor, porque no tenía límites para ayudar a los necesitados y distribuía lo que tenía. Ya había tenido muchas frustraciones, y supongo que cuando optó por ser un ministro religioso, creyó que podía desarrollar toda la sensibilidad de su corazón. Sin embargo, lo rechazaron de la nómina de ministros por ser alguien que no tenía control.

Reconozco que es imposible analizar y diagnosticar con precisión todo lo que le sucedió a Van Gogh, y no tengo la intención de hacerlo. Pero es notorio en sus datos biográficos que tuvo que lidiar durante toda su vida con mucha tristeza, soledad, culpa y sentimientos de fracaso. Estos sentimientos lo ayudaron a dedicarse al dibujo y a la pintura como un modo de no sentir el dolor. Después de haber sido rechazado como pastor, no se entregó a la melancolía sino que decidió especializarse para llevar a los lienzos toda la riqueza de su alma. En un determinado momento, Van Gogh no pudo continuar viviendo y acabó con su vida. Creo que eso podría haber sucedido mucho antes si él no hubiera aprovechado sus momentos depresivos para dejar obras que están consideradas entre las más exquisitas del mundo del arte, como patrimonio de la humanidad.

Hace algunos años yo misma no hubiese creído que una depresión podría ser útil para el crecimiento y la madurez de una persona. Es algo verdaderamente paradójico. Como afirma Winnicott:

> La depresión tiene valor; sin embargo, también es evidente que quienes están deprimidos sufren, pueden dañarse a sí mismos o poner fin a su vida, y algunos de ellos son enfermos psiquiátricos.[36]

Nadya solo cambió su vida cuando se dio cuenta del aumento de su depresión. Buscó ayuda médica y psicológica y, aunque temía el sufrimiento con el que iba a entrar en contacto, siguió adelante intentando percibir todo lo que tenía en el alma. Su médico, para ayudarla, le pidió que le describiera cómo se sentía. Y este es su relato:

> Estoy prisionera de mi dolor. Él ha pintado mi mundo de un color que asusta. Tengo miedo de dar y recibir. Creo, desde lo más profundo de mi alma, que el amor no cabe en mí. Me he

aislado gradualmente y me he encerrado dentro de mí misma, en donde creí que podía estar segura. No me sirvió de nada, solo se intensificó el dolor. Me siento inferior a algunas personas. Tengo miedo y recelo de relacionarme con ellas. No participo en la vida; ella pasa, yo observo. Soy una espectadora. Tengo miedo de sentir y ser herida. Siento una gran soledad y mis sueños están enterrados conmigo; no quiero tocar allí, me duele mucho. No encontré la puerta de salida, me he muerto, no sé resucitar y no sé lo que quiero. ¡No tengo alergia al polvo, tengo alergia a la vida!

Cuando Nadya leyó y releyó lo que había escrito, descubrió que tenía sueños, pero estaban enterrados; que tenía vida, pero necesitaba resurgir de algún modo. Fue la depresión y el contacto con el dolor que le provocaba, junto a la ayuda de profesionales tanto del área médica como del área psicológica, lo que la llevó a encontrar en sí misma la fuerza y los recursos para desenterrar sus sueños y hacer surgir la vida nuevamente.

Las cosas no fueron rápidas, del día a la noche, pero en este escrito Nadya sentía que estaba en un cuarto oscuro y que no veía la puerta. No podía salir. Pero no se desanimó y exploró su percepción interna, hasta que en una vivencia concluyó que estaba en un cuarto oscuro pero si palpaba todas las paredes del cuarto, encontraría la puerta. Al mismo tiempo que vivía estas sensaciones, hizo nuevas adquisiciones en la vida y la depresión perdió terreno. Ella sabía que el que se queda mucho tiempo en un cuarto oscuro, incluso siendo imaginario o simbólico, tiene problemas con la claridad; que tenía que salir de ese cuarto poco a poco, muy despacio, y eso fue lo que hizo.

Al ser una mujer divorciada y con sus hijos ya adultos, descubrió que tenía tiempo para caminar por el parque, para tocar el violín con tres amigas, para visitar a sus hijas que vivían lejos, para aceptar invitaciones de un grupo de personas solitarias que se reunían para ir al cine y pasar tiempo juntas. Nadya todavía viene a los encuentros psicoterapéuticos, pero, según lo que dice ella misma, "ahora estoy aprendiendo a celebrar la vida y todo lo bueno que me ha ofrecido".

Al observar las crisis depresivas de mi propia vida y evaluar el trabajo con las personas que se deprimen, me sorprendo al ver que después de atravesar la crisis, están más fortalecidas y estables de lo que estaban al principio del período depresivo. Winnicott dice que ha aprendido también que "la depresión encierra en sí el germen de la recuperación".[37] Y la historia de Nadya lo confirma.

Ante esto, podemos decir que la depresión es una oportunidad para perfeccionarnos en la vida. Incluso porque cuando una persona sabe que está deprimida, es una señal de que está en contacto con los dolores y las tristezas escondidos dentro de ella. Tiene la oportunidad de integrar esos contenidos dolorosos en su propia estructura, para que se vuelva más completa. Ser capaz de deprimirse es una forma de crecimiento personal. Muchos huyen de la depresión debido al intenso sufrimiento que conlleva, pero recurren a otros medios o a comportamientos que enmascaran la aflicción interna.

El Dr. Marco Aurelio Días da Silva[38] cree que muchos de los casos de alcoholismo, toxicomanía, conductas antisociales, violencias, enfermedades físicas —incluso de cánceres— pueden ser formas de exteriorizar una depresión enmascarada. También podemos añadir algunos comportamientos como el activismo, el uso excesivo del humor y el habla compulsiva, entre otras exageraciones que son una forma de huir de la depresión que se produciría si esta exageración se contuviera.

El valor de la depresión dependerá de la forma en cómo se encara o se trata, tanto por parte de la persona que la atraviesa como de los que están próximos a ella. No sirve de nada intentar distraer al deprimido. Winnicott dice:

No es útil tratar de alegrar ni hacer saltar sobre nuestras rodillas a un niño deprimido, ofrecerle dulces o señalar un árbol y decir: "¡Mira qué hermosas se ven esas trémulas hojas verdes!". La persona deprimida solo ve un árbol mustio y hojas inmóviles. O no ve hojas sino apenas un brezal marchito y ennegrecido y un árido paisaje. Nos pondremos en ridículo si tratamos de alegrarla.[39]

En el deprimido están afectadas todas las dimensiones de la vida. Además de tener un rendimiento menor como consecuencia de su estado de malhumor y de la disminución de su interés, el contenido de sus pensamientos tendrá un marcado carácter pesimista. La tendencia de la persona es a aislarse en su sufrimiento y evitar el contacto con los otros. La vida se convierte en algo carente de interés para el deprimido y, en los casos más graves, la idea de la muerte está presente. Generalmente la persona está incapacitada para reaccionar sin la ayuda de terceros que sepan acoger al que sufre y que tengan una actitud amorosa para estar cerca hasta que pase la crisis. Las personas más indicadas para ayudar a alguien que pasa por una depresión son las que aprendieron a luchar con sus dolores y que ya han trabajado y sacado provecho de sus crisis depresivas. Y no es raro que se necesite la ayuda de profesionales, tanto del área médica como psicológica.

Síntomas de la depresión

Tanto los síntomas como las causas de la depresión pueden mezclarse. De este modo, una persona deprimida puede aislarse, y presentar el aislamiento como un síntoma de la depresión. Pero las personas que viven aisladas pueden desarrollar una depresión que tiene como causa la ausencia de contactos y de presencia humana.

Muchos deprimidos sienten dificultad al intentar identificar sus sentimientos. Lo único que pueden decir es que están mal. Y lo perciben todo con una terrible sensación de malestar. No logran saber si es miedo, ansiedad, rabia u otro sentimiento. Además de esto, muchos confunden lo que sienten con lo que piensan.

Pensar hace referencia a lo racional. Son las ideas, las conclusiones, las evaluaciones y las reflexiones a las que llegamos como consecuencia de lo que sentimos, vemos y aprendemos. Es lo que pensamos como resultado de nuestra vivencia, tanto interna como externa. Sentir está relacionado con las sensaciones tanto placenteras como dolorosas, sobre las que no tenemos control. ¡Sentimos, y ya está! Pero es posible identificar y nombrar los sentimientos: miedo, rechazo, abandono, desamparo, desánimo, celos, alegría, seguridad, tranquilidad, paz, ánimo y amor, entre otros. Cuando conseguimos relacionar los síntomas con los sentimientos, pensamientos y alteraciones físicas, podemos identificar la intensidad, el grado y el tipo de depresión.

Síntomas afectivos

- Autodesvalorización, sentimiento de inutilidad
- Pérdida del interés o disfrute de los pasatiempos y actividades que anteriormente causaban placer
- Deseo de morirse, ideas suicidas
- Incomodidad, irritabilidad
- Tristeza persistente
- Desánimo, sentimiento de desesperación

Síntomas somáticos

- Disturbios del sueño: insomnio, despertar matinal precoz con excesiva somnolencia
- Disturbios en los hábitos alimenticios: pérdida del apetito y de peso, o exceso de apetito y aumento de peso
- Cansancio, fatiga excesiva

- Dolores físicos y persistentes que no desaparecen con los tratamientos, por ejemplo, dolor de cabeza, disturbios digestivos, etc...
- Disminución de la actividad sexual o apatía sexual

Síntomas psicomotores
- Letargia o agitación

Síntomas psicológicos
- Autocompasión, baja autoestima
- Espíritu crítico excesivo, pesimismo
- Dificultad para concentrarse
- Indecisión, inseguridad
- Desinterés, apatía
- Sensación de vacío
- Sentimiento de culpa exagerado

¿Soy depresivo?
En el caso de que usted perciba que se encuadra dentro de los posibles deprimidos, se preguntará cómo puede saber si está o no depresivo y qué es lo que tiene que hacer.

El primer paso es hacerse examinar por un médico que le diga si tiene algún problema fisiológico. Algunas enfermedades o medicamentos pueden causar síntomas depresivos. El examen médico, junto con la consulta y los exámenes físicos y de laboratorio, nos dará una idea de esta posibilidad. El tratamiento va a depender del resultado del diagnóstico.

La depresión es un asunto en el que todavía hay mucho que investigar y estudiar. Pero se sabe que hay casos más severos y más leves. Pero tanto uno como el otro requieren atención, porque en general son señales de alerta de que la persona necesita cuidados.

Relaciones enmascaradas

Sea cual sea la manera de reaccionar de la persona a la depresión o a otro tipo de sufrimiento, es necesario que le tengamos mucho respeto a ella y a su forma de escoger, consciente o no, cómo luchar contra su padecimiento. Saber identificar que alguien puede enmascarar la depresión solo ayudará si hay comprensión y compasión por parte del psicoterapeuta o consejero, y si este sabe entender y respetar el tiempo de cada persona tanto para reconocer una dificultad como para actuar y realizar algún cambio.

María Bowen,[40] psicóloga de Bahía, Brasil, que formó parte del equipo de trabajo de Carl Rogers en el libro que escribió, describe muy bien estas características del ser humano. Ella habla de dos principios. El primero lo llamó *autodeterminación*, que es el potencial que tiene una persona para escoger, de alguna forma, los cambios que necesita hacer en su vida. Eso significa que va a percibir lo que no está bien, discernir y ver lo que necesita para un mejor bienestar en la vida. Y el segundo principio, que es el *autorregulador*, está relacionado con el ritmo que la persona va a tener en cuanto a aquello que notó que necesita. No hay dos personas iguales en este punto. Cada una es única. Así como algunos se dan cuenta y cambian inmediatamente, otros se dan cuenta rápidamente pero tardan en hacer algún cambio. Algunos tardan en discernir lo que está mal, pero hacen cambios inmediatamente. Otros tardan en darse cuenta y en realizar los cambios, y los hay que no se dan cuenta de nada y, por lo tanto, no cambian nada. Y ninguno está equivocado ni acertado, solamente tienen su forma de vivir la vida. También tenemos que respetar la sabiduría de lo que yo denomino esquema psíquico de la persona.

Nadie mejor que ella misma para saber lo que puede y lo que no puede hacer en un determinado momento.

Laura, médica de 28 años, me buscó para continuar una psicoterapia, después de terminar su vínculo psicoterapéutico con un compañero. Yo quise saber cuál era la razón de su interrupción, y me respondió:

—Él fue el que me dispensó. Cree que yo no quiero ver mis verdades, que huyo.

—¿Y usted huye de verdad? —le pregunté.

—No —respondió rápidamente—, yo solo espero un poco. Ya no soporto tanto sufrimiento en mí misma. No sé cómo sobreviví a todo el tratamiento que recibí cuando todavía no estaba preparada para vivir. Es muy difícil hacerlo todo de una vez. Necesito ir poco a poco. Quiero revisar toda mi vida, pero él no tuvo paciencia para esperar mi tiempo.

Así como no podemos adelantar el florecer de una rosa naturalmente, tampoco podemos acelerar o modificar el ritmo de cambios en una persona. Un cambio forzado dejará marcas y alguna secuela en el desarrollo y crecimiento de un individuo.

En algunos, la depresión queda oculta incluso de sí mismos, pero se expresa de otras formas, tales como síntomas físicos, dificultad para tomar decisiones, comportamientos inadecuados de agresividad y explosiones incluso antisociales, como borracheras, compulsiones de sexo y de trabajo, entre otras. Se puede hablar de depresión enmascarada en el caso de que una persona niegue que se siente triste, pero ciertos actos con contenidos de tristeza en su vida —unidos a algunos de los síntomas descritos anteriormente— hacen que el profesional o consejero perciba que la depresión está presente debajo de una fisonomía sonriente.

Hay casos en los que los síntomas de la depresión están ocultos y no se reconocen, se vuelven hacia adentro y perjudican al propio individuo. Hugo Bleichmar[41] dice que una persona puede manifestar ideas que todos dirían que son claramente melancólicas y, sin embargo, no demostrar tristeza. Por el contrario, puede predominar un comportamiento caracterizado por la rabia, por la irritación consigo misma. Se trata del período inicial de la melancolía endógena, en la que el paciente está triste y no sabe por qué. Todo indica que hay ideas depresivas, pero no se tiene consciencia de ellas. O, en otros casos, se puede tener el mismo conjunto de ideas pero reaccionar con una marcada frialdad emocional, cosa que él llamó disociación ideo-afectiva.

El aislamiento es una forma de fuga en la que se busca una vida más sencilla, para poder sobrevivir cuando el individuo se siente débil para ver su propia tristeza. La dependencia de las telenovelas o la televisión en general, tanto para los hombres como para las mujeres, puede ser un síntoma de tristeza camuflada, sobre todo cuando se está desempleado o jubilado.

Las personas han aprendido e interiorizado que la tristeza es algo errado, que es pecado o que significa que como persona no sirve para nada y que no es aceptada; sin embargo, pueden recurrir a la fuga no solo por intermedio de la televisión, sino también por el uso de alcohol, drogas, remedios, el trabajo excesivo, el activismo religioso o cualquier otra cosa que las ayude a camuflar su tristeza y aflicción interior.

La violencia es uno de los recursos utilizados por el sexo masculino más que por el femenino. Un motivo es que muchos hombres creen que el dolor emocional siempre es una llamada a la acción, y que "la emoción sin acción lo niega como hombre".[42] Ante esta creencia es fácil entender por qué los hombres tienen tantas dificultades para permitirse un tiempo de recogimiento y admitir que están entristecidos y que lo necesitan. Y en el esfuerzo de que no les envuelva la tristeza utilizan la agresividad y el mal humor. Pero esto no sirve para nada sino, todo lo contrario, aumentará más la tristeza y necesitará una dosis cada vez mayor de agresividad para encubrirla.

El alcoholismo ha hecho víctimas entre el sexo femenino, cuando se trata de utilizarlo como fuga de la tristeza.

—Bebo mucho. Todos los días he bebido vino por la tarde. No me alcoholizo, pero me adormece y mi marido se queja.

Como sé que, en general, antes de la dependencia usamos el alcohol u otra droga para encubrir una situación difícil de soportar, le pregunté:

—¿Cuál es el motivo para que se quede adormecida?

Adriele me respondió:

—Creo que es debido a la tristeza que tengo dentro del pecho.

Un año después, cuando ya me había contado muchas, muchas tristezas declaró:

—¿Sabe que ya casi no bebo alcohol? Ahora llevo mucho mejor las tristezas que tuve y las que tengo todavía, y no me acuerdo de que existe la bebida.

Sin embargo, el alcoholismo es un vicio al que también recurren los hombres. Joel Rennó, hijo, psiquiatra del Hospital de Clínicas de San Pablo, hace referencia a las investigaciones del Centro Brasileño de Informaciones sobre Drogas Psicotrópicas (CEBRID), que indican que hay un aumento del número de dependientes del alcohol en la población brasileña entre los años 2001 y 2005.[43] Según Rennó, los dependientes del alcohol pasaron de 11,2% a 12,3% en dicho período, lo cual implica un total de 5,8 millones de brasileños entre los 12 y los 65 años.

El consumo exagerado de alcohol tiene el poder de anestesiar a la persona, de ahogar el dolor y proporcionarle un tipo de adormecimiento en el que los dolores emocionales son anestesiados y olvidados durante algún tiempo. Sin embargo, las consecuencias del uso del alcohol aportan más tristeza, más problemas y más dolor que el causado por la depresión. La única diferencia es que, en general, el desasosiego sentido tiene una definición y se sabe cuál es su causa. Esto no siempre sucede en la depresión.

Andrew Solomon dice que el alcohol puede ayudar a ahogar y a camuflar mejor el dolor de la depresión cuando viene acompañada de ansiedad. Pero, en su opinión, después de que pasa el efecto del alcohol, la tristeza se vuelve más acentuada y exagerada, y causa un mayor desasosiego en la persona que sufre de crisis de depresión:

> El problema es que, el mismo alcohol que elimina el aspecto punzante de la ansiedad, tiende a acentuar la depresión, de tal manera que se pasa de una situación donde uno se encuentra tenso y asustado a la de desolado y desvalorizado, cosa que no es una mejoría.[44]

Y deja su testimonio personal: "Busqué la botella bajo esas circunstancias y sobreviví para contar la verdad: la bebida no ayuda".[45]

El alcohol o cualquier droga pueden proporcionar algún alivio rápido y pasajero, pero que no compensará las consecuencias dañinas que le traerá a la persona deprimida. Y el alivio efímero solo se produce al principio, porque después, cuando se establece la dependencia, ya no hay alivio, solo trastornos y sufrimientos.

Suicidio

> De cualquier modo la depresión grave es una muerte viva. Una muerte viva no es buena, pero, al contrario que la muerte muerta, nos ofrece la posibilidad de una mejoría.
>
> Andrew Solomon

La primera vez que pensé en el suicidio tenía más o menos 17 años. En esa época, trabajaba de empleada doméstica en la casa de una familia que era dueña de grandes propiedades en una ciudad del interior de San Pablo, y estudiaba por la noche. Me levantaba muy temprano, ya que mi jornada laboral empezaba a las 7 y terminaba casi a la hora del comienzo de las clases nocturnas. Como iba a pie desde casa al trabajo y desde el trabajo hasta la escuela, muchas veces tenía que correr para no perder la primera clase.

Estaba siempre cansada y no tenía ninguna actividad que me diera placer. Mis padres, además de no entender las necesidades de una adolescente sin cariño, tenían otros siete hijos menores que yo de los que ocuparse.

En mis cansancios y devaneos muchas veces me imaginaba que estaba muerta y dentro de un ataúd, para llamar la atención de mis padres, de mis patrones y de mis profesores. Anhelaba desde lo más profundo de mi ser que alguno de ellos me mirase, me prestase atención y tuviera un poco de compasión por mi vida, tan árida y tan dura. Pensaba que, tal vez muerta alguien se daría cuenta de que existía. Gracias a Dios, cada vez que pensaba de qué forma podía morir, el lado que amaba la vida hablaba más fuerte: "No vale para nada la consideración que tendrían conmigo estando muerta. Es mejor que me esfuerce y continúe estudiando, así tendré la oportunidad de salir de esta vida tan pesada y tan llena de sacrificios".

Fue entonces, y sin la ayuda de nadie, cuando descubrí que muchas veces uno de mis lados quería desistir y abandonarlo todo, pero otro siempre me empujaba hacia adelante en la vida. Hoy en día, conocedora de la psicología, sé que ante estos conflictos muchos profesionales me tacharían de levemente esquizofrénica.

La segunda vez que volví sobre el asunto de un modo más contundente fue cuando perdí a uno de mis pacientes. En mi autosuficiencia e ilusión de ser más competente de lo que soy, no imaginaba nunca que una persona que pasase por mis manos cometería un acto suicida. ¿Cómo podría alguien pasar por alto mi interacción amorosa y mis palabras? Descubrí que no tenía poder sobre la vida de nadie. Me deprimí. En medio de una profunda tristeza empecé a leer, investigar y a hacer cursos sobre todo lo relacionado con el tema del suicidio. Pero eso tampoco me ahorró la experiencia de que otras dos personas que estaban bajo mis cuidados psicológicos optaran por acabar su vida por sus propios medios.

La tercera vez que vuelvo a interesarme sobre el suicidio es ahora, cuando escribo sobre la depresión. Y otra vez he recurrido a libros y reportajes, además de las entrevistas y los testimonios de las personas relacionadas de alguna forma con el suicida, ya que ahora conozco mucha más gente que se vincula con el asunto.

La depresión no siempre es la causa del suicidio, y no todas las personas que tienen depresión piensan en acabar con su vida. Sin embargo, en la mayoría de los suicidios, los síntomas detectados en la víctima en gran parte son síntomas identificados como depresivos.

Los porcentajes que relacionan el suicidio con los procesos depresivos son muy altos. En el sitio web de la industria farmacéutica Roche,[46] se afirma que 15% de los depresivos graves intentan el suicidio. Y más de 60% de los suicidios son atribuidos a la depresión. Sin embargo, por alguna razón, muchos se deprimen en el proceso de la toma de decisión de ponerle fin a su vida. El alto número que se refleja en las estadísticas pone de manifiesto la relación que existe entre el suicidio y la depresión, pero es más difícil afirmar con exactitud que una cosa es causa de la otra. Es decir, si la depresión es la causa del suicidio y si la toma de la decisión de matarse incluye una crisis depresiva.

Es importante aclarar que a pesar de que parezca lo mismo, no lo es. Hay diferencias entre no querer vivir, querer morir y querer matarse.

En psicoterapia es muy común encontrarnos con personas que renuncian a vivir ante las responsabilidades o incluso ante alguna carga inesperada en la vida, ya sea porque temen el fracaso, porque juzgan que no podrán con ello, o bien porque no consiguen encarar y asumir los compromisos de la vida y esperan que alguien los resuelva por ellas. Es posible que entre estas se encuentren las personas que no salieron de un estado infantil, psicológicamente hablando. Crecen biológica y cronológicamente, pero continúan como niños cuyos padres o responsables cuidan de todo, por lo que no necesitan preocuparse por nada.

Las personas que no aprendieron a ser responsables tienden a dejar de encarar la vida al faltarles aquellos que resuelven sus problemas. Crysla en un buen ejemplo de esto. Desde que era pequeña, su mamá, su niñera y su abuela le resolvieron todos los problemas. Y ahora Crysla no se disponía a adquirir un compromiso de trabajo, pese a tener 29 años y haberse licenciado.

—Parece que las responsabilidades normales de la vida, como levantarse temprano, tomar el metro, tener el compromiso de un horario, realizar trabajos y ser enfrentada, son pesadillas, ¿no es verdad? —le dije.

Se mantuvo un tiempo en silencio en el que me pareció consternada por lo que yo decía, y respondió:

—Mi madre se sentía culpable por tener que trabajar fuera y no poder quedarse conmigo todo el tiempo, a pesar de sofocarme durante los fines de semana. Mi abuela no tenía nada que hacer y cuidaba de mí como nadie. Además de las dos, tenía a mi niñera, que lo hacía todo por mí. Pero todas cooperaban para que yo ahora no pueda enfrentar la vida. Creo que mi caso es peor que enfrentar cada día. Yo no tengo ganas de vivir. Es extraño. No quiero morirme y no tengo la más mínima intención de acabar con mi vida, pero tampoco quiero vivir.

No era extraño. Son muchas las personas que presentan una apatía por la vida ante una inmadurez emocional o un autoconcepto disminuido. Estas personas no necesitan más censura ni mucho menos recriminación, lo que necesitan es alguien que pueda creer en su potencial y su autoconfianza no desarrollados, alguien que camine con ellas hasta que puedan llevar la vida con responsabilidad al comprender el precio que hay que pagar ante los privilegios y oportunidades. Crysla, aunque le costaba, quería trabajar, y aceptó el puesto de dependienta en una tienda dentro de un centro comercial para fin de año.

En otro momento me dijo que a veces, ante una dificultad, todavía esperaba que alguien la socorriera, pero que inmediatamente después se acordaba de que eso lo tenía que hacer ella, que tenía que resolver la situación y tomar las medidas necesarias.

Los deseos de morirse no significan que la persona piense en suicidarse. Existen muchas situaciones en las que se produce una intensa aflicción por problemas que tienen difícil solución o son imposibles de solucionar, en las que las personas involucradas desean incluso morirse, pero están muy lejos de planear su propia muerte. Trato con numerosas personas a las que conozco íntimamente y que confiesan: "Si hoy en día me asaltase algún ladrón, me negaría a darle todo lo que me pidiera, porque de este modo me mataría y me haría un gran favor. Sería mucho mejor morirse que continuar así". La última persona que me dijo eso era un ludópata del juego de bingo. Él se dio cuenta de que necesitaba disciplina, de que tenía que confesarle su vicio a alguien y de la falta que le hacían las personas con las que tenía una relación próxima, como su socio, su mujer y sus familiares.

En otra ocasión, una mujer deseaba tener un cáncer terminal y fulminante que acabara con su vida. Para ella resultaba más fácil enfrentarse a una enfermedad que abreviara sus días, que encarar la terrible situación de estar casada con un hombre autoritario, cruel e insensible, pero tan carismático y simpático, que cautivaba a todos dando la impresión de que era ella la exigente y la pesada que no tenía paciencia con el marido. Esta mujer no veía en sí misma la posibilidad de iniciar un divorcio, dado el contexto religioso en el que estaba donde el divorcio era una maldición sin perdón divino. Dentro de sus valores religiosos, ella entendía que quitarse la vida era una función que le pertenecía exclusivamente a Dios; no haría eso nunca. Entonces tenía deseos de morirse, pero bajo ninguna circunstancia le pasaba por la cabeza la intención de matarse.

Para los familiares y personas que intentan ayudar al depresivo, es importante identificar tales diferencias. De vez en cuando, si se pasa por grandes dificultades dolorosas y difíciles, es normal que alguien tenga deseos de estar muerto. Solo es un sentimiento que tiene que ser oído, comprendido y aceptado sin aspaviento. Siempre que alguien me dice que le gustaría morirse, le pregunto: "¿Y cómo quiere que suceda eso?" o "¿Cómo piensa hacerlo?", o hago otras preguntas que me aclaran si solo es un deseo de estar muerto al atravesar por una situación difícil o si realmente existe un plan pensado y estructurado para acabar con la propia vida.

Quitarse la vida es un medio radical de huir del dolor de vivir. Pero, como dice Anne Grace Scheinin: "El suicidio no acaba con el dolor, solamente lo sitúa bajo las frágiles alas de los sobrevivientes".[47] Generalmente reconocemos como suicidio las formas drásticas de quitarse la vida con violencia o agresividad, como el uso de armas, medicamentos y otras agresiones contra sí mismo. Pero hay algunas formas más sutiles en las que la causa de la muerte puede ser considerada como un accidente, pero en realidad ha sido un suicidio. A veces es inconsciente, pero en la mayor parte de los casos se realiza con plena consciencia.

Suicidarse es cometer violencia contra sí mismo. Es matar el propio cuerpo. La muerte como consecuencia de un suicidio es una situación difícil de tratar, principalmente porque afecta la vida emocional de los conocidos, de los amigos, de los familiares y de los profesionales relacionados con la persona que comete el acto suicida. Hay quienes se matan para anticipar el fin ante una situación en la que la muerte es segura. Es el caso de los prisioneros condenados a muerte, de las personas que reciben el diagnóstico de una enfermedad terminal, de los individuos buscados por la policía cuando se encuentran en una situación sin escapatoria o el de los soldados en la guerra, ante la seguridad de que van a ser capturados.

En la historia de Israel, registrada en el Antiguo Testamento de La Biblia, tenemos un ejemplo de este tipo de suicidio. En la guerra contra los filisteos, en el capítulo 31 del primer libro de Samuel, los tres hijos de Saúl, Jonatán, Abinadab y Malquisúa, ya estaban muertos. Los soldados fueron derrotados, y el cerco contra Saúl arreció hasta que también lo hirieron a él. Cuando Saúl se dio cuenta de que lo iban a alcanzar, le pidió a su escudero que lo matara, pero este se negó. Él entonces, al anticipar su muerte, se echó sobre su propia espada. Y el escudero, al ver que Saúl había muerto, también se echó sobre su espada. Este tipo de suicidio es el más fácil de aceptar, ya que existe una explicación que puede calmar el sentimiento de culpa de las personas que se relacionaban con el suicida.

Existe otro motivo de suicidio, que es el deseo de venganza. La persona planea acabar con su vida como un acto de venganza contra su pareja o contra un familiar que le ha hecho daño y a quien le tiene resentimiento.

Otra de las causas es intentar matarse para llamar la atención de alguien de quien se espera cuidado, amor y atención. En ese caso, no espera morirse, solo pretende llamar la atención de los otros hacia sí mismo. Lo peor que tienen esos intentos es que muchas veces acaban en muerte de verdad y la atención esperada se obtiene, pero no la recibirá ni la aprovechará quien la buscó.

Muchos deprimidos buscan e intentan el suicidio como una forma de escapar del infierno doloroso de continuar viviendo. Al no encontrar ningún motivo para vivir, quitarse la vida parece ser lo más fácil. En el caso de Judas, fueron la culpa y los remordimientos los que lo llevaron a la desesperación y el deseo de no querer vivir. No encontró ninguna forma de sobrevivir ante el peso de la culpa que cayó sobre él cuando se dio cuenta de lo que había hecho con Jesucristo. Y la gota que colmó el vaso para que acabase con su vida fue la negativa de las autoridades judaicas de aceptar de vuelta el dinero que le habían pagado por traicionar a su amigo, el líder del grupo del que formaba parte. Otros se sienten impresentables, miserables e inútiles. Son personas que tienen una autopercepción tan distorsionada que se ven como alguien que no tiene nada bueno. Creen que al salir de la escena les harán un bien a su familia y a sus parientes. Buscan en el suicidio una forma de eliminar el mal que causan —o que creen que causan— a quien está a su lado.

En la película *Las normas de la casa de la sidra*, que muestra que muchas veces la realidad de la vida va más allá de las reglas legales, éticas y sociales, hay un hombre que tiene una relación sexual incestuosa con su hija. Quiere dejar de perjudicarla, pero cuando se da cuenta de que va a tener dificultades para hacerlo, en vez de buscar ayuda de otra manera, encuentra en el suicidio la salida para no repetir el comportamiento que considera repulsivo.

Como profesional, tuve que trabajar con la pérdida de tres personas que aunque estaban conmigo en psicoterapia y tenían control médico con el psiquiatra, aun así optaron por el suicidio. Y, en los tres casos, mi sufrimiento fue intenso e incomparable con cualquier dolor que haya sentido en alguna de mis consultas. Victoria Alexander es citada en el libro de Albert Hsu, cuando dice:

> Los terapeutas también viven las reacciones a los cuestionamientos, la rabia, la culpa, igual que los demás sobrevivientes. Además, la muerte de un paciente hace que el terapeuta se plantee muchas cuestiones con respecto a la responsabilidad, la eficiencia e incluso la idoneidad profesional.[48]

Algunos compañeros próximos, cuando supieron lo que yo vivía, demostraron claramente que nunca atenderían a alguien en el que percibieran una posibilidad de suicidio. Y algunos sienten tanto pavor ante tal posibilidad que envían al paciente lo más rápido posible a un psiquiatra y le transfieren al médico todo el control profesional, a fin de evitar toda relación con la persona.

No sentí rabia en ninguna de las tres situaciones ni dudé de mi profesionalismo, pero la frustración de ver acabadas todas las posibilidades y alternativas en la vida presente fue pesada y horrible. La muerte tan inesperada significa que el aquí y el ahora están cerrados de forma irremediable. Con la muerte se va también, de una manera abrupta, toda la esperanza que un profesional o un familiar pueda tener en cuanto a la mejoría de la persona que se fue.

Y esos recuerdos sacaban a la luz sentimientos de postración y desánimo que podían interferir en la calidad del trabajo. Apenas terminaba las consultas, me pasaba horas y horas pensando y repensando en la realidad de la muerte y cómo nos enfrentamos con la finitud. Descubrí que encaraba muy mal este tema y que antes de elaborar en mi vida todas las consecuencias del suicidio de alguien con quien tenía vínculos, tenía que manejar mejor todo lo relacionado con la muerte.

Henry Nouwen, ya cercano a los 60 años, también se dio cuenta de que enfrentaba mal su finitud y su muerte física, entonces se aisló durante cinco semanas para reflexionar sobre la mortalidad humana. Su libro *Nuestro mayor don* narra el resultado de esta reflexión. Empieza a recibir a la muerte como a una amiga. Podemos encarar nuestra finitud como una realidad de la existencia y sacar provecho de eso al elegir la mejor manera de vivir, ya que la vida que vivimos va a llegar a su fin. Y estoy de acuerdo con Nouwen en que cuando envejecemos poco a poco, o cuando tenemos una enfermedad que nos mata lentamente, la muerte puede volverse una amiga, e incluso le podemos dar la bienvenida.

Lica, a los 48 años de edad, médica, era una mujer saludable y bonita a quien se le diagnosticó cáncer. Se sometió a todos los tratamientos posibles con la esperanza de detener el avance del tumor maligno; pero, doce meses más tarde, la respuesta al tratamiento era mínima y el tumor se ramificaba por todo el cuerpo. Como consecuencia, los médicos llegaron a la conclusión de que la única cosa que se podía hacer era usar los recursos de la medicina para mejorar las molestias que de allí en adelante serían insoportables.

Como la mayor parte de los seres humanos, Lica no aceptó de inmediato la realidad de que la muerte se aproximaba. Pero llegó el momento en el que decidió expresar todo lo que quería decirles a sus hijas, a su marido, a sus amigos y a sus familiares. Se enfrentó a los sentimientos de culpa y, como cristiana que era, confesó sus culpas una por una, creyendo en el perdón total de Cristo. Por fin conseguía admitir y hablar sobre el fin de su vida, que estaba próximo, mientras en el lecho de un hospital recibía los cuidados de los enfermeros y médicos, además del cariño de sus amigos y familiares. Sus órganos vitales, como los riñones y los pulmones, se paralizaban, pero ella continuaba lúcida y se comunicaba normalmente a través de su conversación.

Una tarde, me pidió que fuera a verla. Cuando lo hice, experimenté sentimientos que hasta ese momento me eran desconocidos. Cuando me dijo:

—Yo sé que soy lo que se llama un paciente terminal. Mi cuerpo no responde a ningún tratamiento y los medicamentos que tomo son solamente para aliviar mi aflicción y mis dolores. Solo alivian los síntomas. Ya estoy preparada para irme. Dígame una cosa, ¿puedo pedirle a Dios que acelere los pasos para mi muerte? ¿Puedo pedírselo?

—¡Claro que sí! En la fe cristiana estamos autorizados a decirle nuestros deseos a Dios —respondí.

Lica cerró los ojos, diciendo que estaba tranquila y preparada, que a partir de ese momento la "amiga" muerte sería bienvenida. Esa tarde, al despedirme de Lica, le dije que iba a viajar el fin de semana; entonces me dijo:

—Hasta un día, Esther. Me voy antes que usted, pero la esperaré en la eternidad.

Respondí considerando mis 59 años de edad:

—Hasta un día, Lica. No voy a tardar mucho. Puede esperarme.

La voz de Lica embargaba mucha emoción, pero me miró por última vez y me hizo una señal positiva con el dedo pulgar. Cuatro días después, cuando yo estaba en un congreso de psicología, recibí un recado por teléfono móvil que me comunicaba el fallecimiento de Lica.

Nunca voy a olvidar su serenidad al confrontar de un modo tan sublime su partida hacia la eternidad. Ella consiguió hacer las paces con la muerte y encararla como a una amiga.

No veo ninguna posibilidad de encarar la muerte de una forma tranquila por medio de un suicidio. Estoy de acuerdo con Albert Hsu cuando, después de haber perdido a su padre como víctima de suicidio, describió este tipo de muerte como intrusa y enemiga:

Una cosa es cuando alguien puede darse el lujo de aproximarse a la muerte gradualmente, por edad o por enfermedad. Y otra muy diferente es cuando alguien a quien amamos es arrancado de la vida por sus propias manos. Por este motivo la muerte me parece una intrusa. Cuando nos encontramos con el suicidio, la muerte no tiene cara de amiga, se parece más a un terrorista que le quita la vida a las personas inocentes. El suicidio es la peor trampa: la muerte incita a que la persona la busque por propia voluntad. En este caso la muerte es una engañadora, una manipuladora, es el peor de los adversarios. Es como la reina malvada que le dio la manzana envenenada a Blancanieves. Presentó algo que parecía bueno para nuestros amados y les susurró en el oído que encontrarían alivio en ella, que encontrarían la libertad y la fuga que buscaban. Los envenenó con estos pensamientos y los sedujo para que creyeran en su mentira.

La muerte mintió a nuestros amados y los persuadió para que la abrazaran. A nosotros, los que continuamos vivos, nos gustaría haberlos convencido de lo contrario. Queríamos tener la oportunidad de tomar represalias contra la muerte, rebatir la mentira de que es mejor que la vida. Fuimos ultrajados por la muerte. En los casos de suicidio, no es una amiga, sino una enemiga.[49]

Las únicas cosas que abundan para los que de alguna manera forman parte de la vida del suicida son el silencio, el vacío y la perplejidad ante los sentimientos confusos que eclosionan y minan todo tipo de racionalidad.

Transcribo ahora una parte de la declaración de Sofía, cinco años después del suicidio de su hermana:

> Es como si un cirujano me hubiera abierto el pecho a la fuerza y hubiera arrancado a mi hermana de mi vida. Yo estaba fuera de la ciudad cuando recibí la noticia, y las cuatro horas que duró el viaje de regreso me parecieron eternas. Quería regresar sin querer llegar y, al mismo tiempo, en mi esperanza, quería estar allá y ver con mis propios ojos que no era nada más que una pesadilla. Fue un llegar sin querer estar. Hasta el día de hoy tengo en la memoria lo que no se quiere borrar: llegar a casa y ver a mis dos niños, a mis dos hijas y a mis dos sobrinos, todos niños y adolescentes, aterrorizados, arrojados en los sofás. Es un gran vacío. Una falta de rumbo. La peor que yo sentí.

Además del dolor cortante de la ausencia inesperada y brusca, también surge la angustia de no tener respuestas para las preguntas que invaden los pensamientos. ¿Por qué? ¿Qué es lo que debería haber hecho? ¿En qué me equivoqué? ¿Por qué no actué de un modo diferente? ¿Y si yo hubiera hecho esto o lo otro? Y muchas más. Como profesionales de la relación de ayuda, lo último que queremos es tener que enfrentarnos con esta situación. Personalmente, preferiría que alguien rompiera el vínculo psicoterapéutico por otro motivo —incluso que difamara mi trabajo—, que tener que registrar en su ficha: "Vínculo roto por suicidio".

La razón principal es, creo yo, que en esos momentos el profesional tiene que enfrentarse cara a cara con su impotencia, pero no dentro de las cuatro paredes del consultorio. Hay que encarar la impotencia públicamente. Trabajo en un local que comparto con varios compañeros de psicología. A la semana de haber perdido a la segunda persona por suicidio, entré en la sala de espera y, mientras tomaba un café, escuché la siguiente conversación entre dos personas que esperaban la consulta de otros profesionales:

—Sí, ella se mató. —comentó una.

—¿Pero no iba al médico? —preguntó la otra.

—Iba al psiquiatra e iba a terapia. ¡Pero no sé a que rayos de psicólogo iba para que le sucediera eso!

Hacían referencia exactamente a la persona que yo atendía y que había puesto fin a su vida. Incluso con la experiencia que tengo y sabiendo que había hecho por aquella persona mucho más de lo que hago normalmente por las personas que atiendo, tengo que confesar que me dolió ese veredicto. Entré en mi sala y me quedé en silencio durante un tiempo, para recuperarme del efecto de la frase desmerecedora y poder dedicarme completamente a la siguiente persona que iba a atender.

También existe la sensación de que se tiene alguna culpa por lo llevado a cabo por el paciente. Me quedé así después de la primera experiencia. Cristiano, un hombre casado de 40 años de edad, me había buscado seis meses antes. En su última visita trajo a su mujer y me pidió permiso para que ella entrara en la consulta. Este pedido me extrañó, y quise saber la razón del mismo. Me dijo que quería que ella me conociera y que viera mi trabajo para ayudarlo más. Trabajo como marco de referencia un abordaje que valoriza lo que es importante para la persona, siempre que el motivo del paciente no le haga daño al profesional. Y como su pedido no me causaba ningún daño, permití que participara su mujer.

Cuando entramos en la sala, Cristiano dijo:

—Atiéndame normalmente, como si ella no estuviera aquí.

Estuve de acuerdo, pero continué sin entender la razón de la participación de la mujer. Eso sucedió un miércoles. Lo que yo no sabía en ese momento es que Cristiano ya había pensado en acabar con su vida y tomó la precaución de traer a su mujer para que conociera y viera mi trabajo, quizás para que no me culpara después de su muerte. El lunes siguiente, cuando llegué al consultorio, en el contestador automático tenía un recado de la mujer de Cristiano, que pedía que la llamara. Llamé y recibí la noticia de que el sábado Cristiano se había suicidado. Yo me había recibido hacía poco, y por lo tanto tenía poca experiencia. Me quedé boquiabierta, atónita, tonta, intentando descubrir alguna orientación para aquella tarde en la que otras personas esperaban mi atención psicológica. Conversé con un compañero que también conocía a Cristiano y pude contar con su solidaridad, que fue la que me dio algún alivio.

Tres días después, todavía estaba perpleja y deseaba que aquello fuera una pesadilla, pero era real. Cristiano murió y dejó una mujer y tres hijos. Mientras intentaba librarme de la falsa culpa de no haber sido lo suficientemente buena como para evitar el suicidio de aquel hombre, recordé la historia de Judas Iscariote, que estuvo durante tres años con Cristo, y vivía a su lado casi veinticuatro horas por día. Cuando tomó consciencia de que había traicionado a un inocente, Judas decidió poner fin a su vida. Al recordar esto, me di cuenta de que si Cristo no impidió que Judas se matara quién era yo para creer que cualquier cosa que hubiera hecho habría impedido que Cristiano tomara aquella decisión. Inmediatamente sentí un alivio liberador.

Otra situación que también le resulta difícil a un profesional o a un consejero es el asedio de los familiares, que quieren desesperadamente informaciones sobre el ser querido que se fue.

Como profesionales y consejeros, somos depositarios de muchos secretos y confidencias de personas que buscan ayuda. Cuando ocurre un suicidio, los familiares más próximos, aunque sepan que el secreto profesional continúa teniendo valor después de la muerte de la persona atendida, buscan algún tipo de información que alivie principalmente la culpa que sienten y que todavía no han conseguido resolver.

Cada profesional tiene el derecho de actuar del modo que le parezca mejor y más soportable. Es por esto que algunos viajan algunos días, otros se aíslan, otros deciden no dar ningún tipo de información y otros se disponen a atender a los familiares cuando se les solicita y en la medida de lo posible. Los familiares ya sufren la pérdida violenta e inesperada del suicida. Además de eso, todavía tendrán que enfrentarse a una variedad de sentimientos como vergüenza, culpa, tristeza, impotencia y rabia.

Alice, familiar de una paciente con intento de suicidio que yo atendía, me llamó indignada y comenzó a decirme:

—Usted ya lo sabe, ¿no? La idiota intentó matarse. Después de todo el sacrificio que hemos hecho por ella, ¡mire lo que hace! ¡Ahora está en el hospital en estado muy grave! Es muy injusto. O no, ¡es mucha ingratitud!

Entendí perfectamente lo que sentía Alice, ya que había dejado de lado muchas cosas importantes por estar al lado de su familiar e intentar frustrar el deseo de acabar con su vida. Era como si el otro hubiera recibido todo sin darle importancia y sin consideración. Cuando finalmente falleció la muchacha, Alice se enojó mucho más ante todas las cosas que ahora, con su muerte, tenía que arreglar. Estaba tan furiosa que durante algún tiempo se encerró en sí misma y tuvo mucha dificultad para ayudar a los que estaban a su alrededor y que esperaban algún apoyo suyo.

La rabia que alguien puede sentir por el suicida es todavía peor que la rabia que se siente cuando alguien querido es asesinado. Es común condolerse por la víctima y sentir rabia hacia el asesino. Pero en el suicidio el asesino es la propia víctima. ¿Cómo puede tener uno rabia si la persona está muerta? Junto a esa rabia llega un sentimiento de culpa. Y la culpa pesa mucho más y es algo fuerte en la autocondenación. Entonces, para obtener el alivio necesario para la supervivencia, se desplaza la rabia hacia sí mismo. Cuando pregunté sobre el sentimiento de rabia, Sofía me respondió:

—Esa pregunta es muy triste. ¿Cómo pudo dejarme alguien de ese modo con el afecto que yo le tenía? ¡Había tanto cariño entre nosotras! Yo sentía mucha rabia. ¡Rabia de mi impotencia! Rabia de mi falta de observación, de no darme cuenta de que planeaba acabar con su vida. Pero entonces me entristezco por haber sentido rabia contra ella.

La tristeza y, a veces, incluso una depresión son comunes en esas situaciones.

—Me puse muy mal cuando mi compañero de la facultad se suicidó. Me dio depresión. Nosotros ya estábamos en el cuarto curso de medicina y él era cristiano. Estuve arrasada bastante tiempo —me dijo una muchacha que estaba en atención psicológica y recordó este asunto por causa de la depresión.

La vergüenza surge como consecuencia de la dificultad que demuestran tener las personas en relación con el suicidio. Muchas personas, incluso con el paso de los años, no consiguen decir que perdieron a su hijo, a su marido, a uno de sus padres o a algún familiar próximo por suicidio. Albert Hsu en *Superando la aflicción del suicidio* [Superar el dolor del suicidio], narra que después de muchos años, cuando alguien quería saber como murió su padre, él respondía que fue a consecuencia de un derrame, cosa que era una verdad a medias. Su padre tuvo un derrame, pero después de algún tiempo se suicidó. Una amiga mía también me dijo:

—Mi madre todavía no acepta la muerte de mi hermano como un suicidio. Ella se escondió, creo que por vergüenza, detrás de la idea de que fue asesinado por unos policías que querían matarlo porque como abogado él sabía demasiado. Eso es lo que dice sobre la muerte prematura de mi hermano.

El sentimiento de culpa, desde mi punto de vista, alcanza a todos los que de algún modo tienen relación con el suicida. Es casi imposible que alguien no piense en cómo podría haber evitado que la persona se suicide. Sin embargo la muerte de un ser querido no es culpa de nadie que esté a su alrededor. La persona que comete suicidio es la única responsable de lo que hizo. No siempre se puede prever, incluso en una convivencia cercana, que alguien tenga intenciones de acabar con su propia vida. Y al no darse cuenta es imposible prevenir y preservar a la persona que corre el peligro de matarse. Cuando se puede prevenir, lógicamente hay que tomar todas las precauciones posibles para que la persona opte por la vida. Pero las precauciones tomadas por los familiares, los parientes y los profesionales para proteger a la persona no garantizan que el suicidio no se cometa.

En muchos países ya se discute la posibilidad de dar el derecho a la persona para que escoja vivir o no, e incluso cooperar con ella en el caso de que su elección sea morir. Sin embargo, pienso que muchas veces, cuando esta persona siente la agonía, humanamente ya no se encuentra en condiciones para hacer una elección en ese nivel. Y sea la situación que sea, estoy a favor de que se tomen todas las medidas de protección de la vida, incluso porque una buena parte de las personas que planean o intentan el suicidio, después de algún tiempo ya no lo harían, y se sienten agradecidas por no haber concretado o por haberse frustrado sus planes.

Es necesario que los que pasan por la experiencia de perder a alguien de este modo se preparen, para que la culpa no les quite el brillo de la vida. El que está vivo necesita saber que tiene que cuidar de su propia vida y de los que están a su alrededor y que han optado por continuar vivos. Lo único que se puede hacer por el que ya se ha muerto es proporcionarle un funeral. El que se queda, sin embargo, tiene que llorar todo lo que sea necesario durante el luto, para quedar libre e integralmente vivo.

Perspectiva social y fisiológica de la depresión

Al considerar que las pérdidas que se presentan en el transcurso de la vida son lo que desencadenan un estado depresivo, es lógico aceptar el hecho de que se puede tener una depresión desde la más tierna edad hasta la vejez. La experiencia de nacer trae consigo ganancias y pérdidas. Se gana la luz, el oxígeno, la liberación del cuerpo de la madre, pero se pierde la comodidad del útero y de recibir el oxígeno y el alimento sin ningún esfuerzo. Y desde este momento todas las fases de la vida estarán marcadas por transiciones en las que las ganancias forman parte de la emoción de conquistar nuevas adquisiciones, pero las pérdidas son inevitables.

El niño empieza a andar con el fin de explorar el mundo que tiene alrededor, pero durante un buen tiempo debe estar en los brazos de su madre; se convierte en un adolescente para vivir la transformación del cuerpo y reforzar su identidad sexual y biológica, pero pierde el privilegio de ser un niño que recibe más aceptación y comprensión; se convierte en un joven que conquista muchos derechos, pero pierde su adolescencia con el encanto de los descubrimientos; se casa y se vuelve el dueño de su propia casa, pero pierde la libertad de ser soltero, cuando podía ir a donde quisiera y con quien quisiera, sin tener que considerar el ritmo o el deseo del compañero. Se convierte en padre o en madre con todas las emociones que incluyen el gestar y criar un hijo, pero se pierde durante algunos años muchas de las actividades que tenía por la presencia del recién nacido o del niño. Se gana mucho con las adquisiciones que traen el paso de los años y la madurez, pero se pierde el vigor y la intrepidez de la juventud. En resumen, prácticamente en toda elección hay ganancias y pérdidas. Al igual que hay cambios de etapas, giros en la vida en los que también tendremos muchas ganancias, pero algunas pérdidas. Incluso la muerte física, para los que creen en una nueva vida, es una pérdida y una ganancia.

Para Gail Sheelhy, nuestro sistema interno entra en desequilibrio en estas transiciones, y se deprime como una señal de la necesidad de adoptar una nueva postura para la etapa que acaba de llegar, y esto forma parte de la evolución de la vida:

> Dentro de la esfera interior es donde los cambios vitales empiezan a hacer que la persona se desequilibre; señalan la necesidad de cambiar y adoptar una nueva actitud en el estado de desarrollo siguiente. Estos cambios vitales se suceden durante toda la vida, pero las personas se rehúsan continuamente a reconocer que poseen un sistema de vida interno.[50]

Además de eso, están los cambios y las adquisiciones emocionales cuando una persona gana una nueva dimensión en la percepción de sí misma, pero pierde la fachada de protección que usaba hasta ese momento y que formaba parte de su identidad. Vivir intensamente significa estar en una mutación constante debido a las nuevas percepciones adquiridas en la medida en la que se aclara la visión que se tiene de sí mismo, del otro, del mundo que nos rodea, de Dios y del universo. Sin embargo las adquisiciones no llegan siempre con tranquilidad. En muchas ocasiones hay que desplazar e incluso descartar lo viejo. Este proceso de abandonar lo que sirvió hasta entonces y permitir la entrada de lo nuevo lleva algún tiempo y requiere una metabolización en la vida cuando hay que enterrar lo que se va y aceptar el luto de la pérdida, para permitir entonces que lo nuevo sedimente y se amplíe, para así volverse parte de la vida de la persona.

También hay que considerar situaciones inesperadas, como enfermedades graves, accidentes, muerte de un ser querido, desempleo, crisis económico-financieras y situaciones inadecuadas en las cuales las personas de las que se depende no suplen las necesidades esperadas por alguien —porque no saben, no lo logran, o no quieren— principalmente cuando se encuentra todavía en un estado de formación en la vida.

Lo mejor que se puede hacer es tomar consciencia de todo esto y prepararse, por lo menos, para saber distinguir lo que es perfectamente normal y lo que es patológico.

La depresión en el niño

Se puede dar una depresión infantil cuando el niño todavía es un bebé. Frank Lake, cuando escribió sobre la depresión en la vida adulta, cita la posibilidad de que un niño que dentro de su primer año de vida no esté mucho tiempo con su madre —o de alguien que la sustituya por cualquier razón— sienta una soledad intolerable y un gran abatimiento, como si renunciara a la propia existencia:

> El niño pasará por un estado de no aceptación y de rechazo, se prohíbe entrar a la vida como una persona, separado de "ser", anulado de la propia existencia.[51]

Victor Días,[52] psiquiatra y profesor, explica que la depresión puede sobrevenir cuando una persona empieza el proceso en psicoterapia, al entrar en contacto con los contenidos internos de la soledad, la tristeza y el desamparo. Verdaderamente tales contenidos representarían un estado depresivo que no pudo ser sentido y expresado por el niño, pero sin embargo estaba presente muchas veces antes de los dos años de edad. Según lo que él dice, un niño pude deprimirse al sentir en su ambiente un clima afectivo inhibidor, marcado por la frialdad, la hostilidad, la ansiedad, el miedo y el rechazo. El bebé capta las sensaciones de soledad, de carencia, y se siente amenazado en su supervivencia.

Siente una intensa aflicción, que se manifestará en la vida adulta como una sensación de muerte, de soledad y de desilusión con la vida y con las personas.

Al mismo tiempo que la persona se ve como un adulto que puede cuidarse, protegerse e incluso darle rienda suelta al sufrimiento que tiene en sí mismo, se ve también como un niño frágil y desamparado que no encuentra salida para la situación de amargura que vive. Esta explicación tiene sentido cuando nos mostramos con depresiones en la vida adulta que aparentemente no tienen ninguna causa, pero en las que el sufrimiento y la angustia están presentes en todo el ser. Se encuentran entre las que se consideran depresiones endógenas.

Lamentablemente, es casi imposible que padres que promueven climas afectivos inhibidores tengan la capacidad de detectar la tristeza o el sufrimiento psíquico en un niño tan pequeño. De este modo el niño se encuentra solo para construir algún tipo de defensa y, afortunadamente, en general la construye y sobrevive aunque un día en la vida adulta sentir otra vez toda la depresión guardada y reprimida desde entonces. La buena noticia es que una vez que el adulto se dispone a no huir del dolor depresivo puede integrar y convivir con estos sentimientos de una forma amigable y menos dolorosa, y al mismo tiempo puede tener también logros en la vida. Sin embargo tenemos que recordarles a los padres que el mejor antídoto contra la tristeza y el desánimo es que suplan al menos un poco la necesidad que tiene todo niño de contacto físico, de calor corporal, de aproximación y de cariño.

Hongxue, una muchacha china cuya historia ha sido contada por la periodista Xue Xinran,[53] vivió esa privación del contacto físico hasta el día en el que se despertó del sueño, en una cama de hospital, al sentir el suave pisar de las patitas de una mosca que caminaba sobre su brazo. Se mantuvo inmóvil, aunque sabía que las patas de la mosca pueden estar muy sucias y transportar enfermedades contagiosas, y dejó que la mosca caminara durante un tiempo sobre su piel para no perder nada de esa sensación maravillosa, que nunca había sentido antes.

Renata Cafardo[54], una periodista que hizo un reportaje sobre la negligencia de los padres, cita que 56,1% de los niños con depresión tienen padres negligentes. Es decir, padres que no les dedican un tiempo específico a sus hijos. Tiempo específico con los hijos es aquel en el que los padres se hacen realmente presentes para el niño. No me refiero a una simple presencia física. Muchas madres están presentes varias horas al día en la vida del niño, pero solo es una presencia "ausente". No es una presencia que tiene un contacto significativo, de modo que el niño se sienta parte de los intereses del adulto que está a su disposición, en este caso, la madre.

El mundo de un niño pequeño, por lo menos hasta sus 5 años de edad, es un mundo de piernas. Me acuerdo del día en el que llevé a mis dos hijos de 3 y 6 años al lanzamiento de la película *E. T. El extraterrestre*. La película comienza con una escena de cazadores en busca del E. T. y yo no entendía qué es lo que pasaba. Entonces pregunté por lo bajo:

—¿Qué es eso?

—¡Son piernas! —mi hija respondió en el acto.

La película empieza con las cámaras situadas a la altura de la visión de un niño. Por eso un niño de 3 años podía entender mucho más rápido que un adulto lo que sucedía.

Esa escena de piernas que se mueven es una realidad en el mundo de los niños. Para que un niño tenga contacto con los ojos, por ejemplo, necesita que un adulto lo suba en brazos o que baje a la altura del niño. En caso contrario, el niño necesitará inclinar la cabeza para atrás para poder visualizar la fisonomía del adulto. Y aun así, dependiendo de la distancia a la que se encuentra, verá su rostro de abajo arriba y le llamarán la atención las cavidades nasales.

—Yo tenía mucho miedo de los agujeros de la nariz de mi madre —me dijo Daisy, al referirse al tiempo en que era niña y veía el rostro de su madre de abajo para arriba.

Dedicarle un tiempo específico al niño requiere que el adulto deje sus quehaceres e intereses y pase a vivir el mundo desde la óptica del niño. Incluso aunque la madre o el padre hagan que el niño tome interés por las cosas de los adultos, es necesario que en esos momentos se esfuerce en ver el mundo como lo ve el niño. Es difícil y desgastante, pero puedo garantizar que es una inversión que vale la pena. En cierta ocasión, en un curso de entrenamiento de consejería para adultos, les pregunté a los veinte participantes en qué situación se habían sentido amados cuando eran niños. Y todos, sin ninguna excepción, contaron situaciones en las que un adulto consiguió "bajar" al nivel de un niño e identificarse con él.

La razón por la que muchos adultos no consiguen sumergirse en el mundo del niño es porque tienen dificultades para entrar en contacto con su propio niño interior. Padres que no jugaron en su infancia o que tuvieron una infancia dolorosa y sin ningún placer podrán tener dificultades para conectarse con sus hijos mientras son niños. No sabrán sentarse en el suelo y participar en actividades lúdicas, como modelar barro, jugar con autitos o con una muñeca, hacer un rompecabezas, etc., cosas que son tan importantes para el desarrollo de un niño y enriquecen la relación entre él y la figura paternal.

El divorcio de los padres también puede acarrear depresiones en los niños. El proceso, desde que se toma conocimiento de la crisis hasta la definición de la separación, a veces es largo y lleno de ofensas y mucho dolor para todos los que están envueltos en la situación. Es una fase en la que muchas veces las parejas se ven sumergidas en las emociones y se vuelven incapaces de separar los problemas conyugales de las funciones paternas, es decir, no saben separar los conflictos del matrimonio, que solo les competen al marido y a la mujer, de las cuestiones referentes a las obligaciones tanto del padre como de la madre. E insensiblemente usan a los hijos en un intento de solucionar la separación de una forma tal que la propia reputación no se sienta agredida, o para minimizar el probable juicio que recibirán de sus hijos cuando tengan una edad en la que puedan hacerlo.

Otros matrimonios en proceso de separación usan a los hijos, incluso a los pequeños, para atacar o solucionar alguna cuestión con el compañero o para hacer que el hijo sea un "lleva y trae" recados. Marita tenía un hijo de 14 años cuando se separaba del marido. Tuvo que hacer un corto viaje, y cuando llamó a casa descubrió que aquella noche su exmarido le había prometido que iba a dormir con su hijo. Marita gritó:

—Puedes llamar a tu padre y decirle que no vaya, porque yo llego hoy ahí y no quiero verlo.

El hijo le pidió:

—Madre, por favor, díselo tú a él.

Con ese pedido, el muchacho le demostraba lo difícil que era hacer caso a su madre y hacer ese pedido a su padre, a quien había visto durante años y años entrar en su casa sin ningún impedimento.

Esta transferencia de lo que debería ser resuelto por los padres es una carga excesivamente pesada para el hijo. En muchos casos, el divorcio es un mal menor pero necesario. Sin embargo, el niño siempre sufre daños en las rupturas conyugales. Generalmente se ve desvalorizado porque no ha sido capaz de mantener a su padre y a su madre juntos. También cree que tiene la culpa de que uno de los padres se haya ido de casa. Piensa que si hubiera obedecido, comido toda la comida, no discutido, es decir, si hubiera sido obediente y bueno, no lo habrían dejado. Siente temor ante la idea de perder el amor y el cuidado del que se fue.

Los padres que están en proceso de divorcio no pueden olvidar que la separación es conyugal. La filiación es perpetua e indisoluble. Incluso cuando alguien delega la guarda de un hijo al cederla a otra persona, todos los derechos y responsabilidades de ser padre continúan vigentes a pesar de todo.

Es imposible romper los lazos que se tienen con un hijo. Se debe reafirmar varias veces en una separación conyugal el amor y el cuidado para con el hijo, tanto por parte del padre como de la madre, sobre todo si están en la fase de formación.

Afortunadamente muchos padres cuando se separan se vuelven mejores padres, están más presentes y le dedican un verdadero interés a los niños o adolescentes. Si pasa lo contrario, con toda seguridad, se puede causar trastornos emocionales a los hijos en una época en la que todavía no tienen recursos psicológicos para elaborar tal realidad. Y uno de estos trastornos es la depresión. Si no se les presta la debida atención y cuidado a los sentimientos comunes en esta situación, podrán producirse perjuicios y daños en el desarrollo emocional y en el crecimiento cognitivo del niño.

—Mi papá no me quiere. No voy a estudiar más —el comentario había sido hecho por un niño de 12 años, cuyo padre había salido de casa y solo lo iba a ver una vez al mes, y fue expuesto por una psicóloga en un encuentro de supervisión. Ese niño se sentía cansado, solo, abandonado y no tenía ánimo para ir a la escuela. Sólo después de que la psicóloga tuvo una consulta con el padre para informarle la situación emocional de su hijo, que llevó a que su padre volviera a dedicarle atención y cuidado, el niño tuvo valor para retomar nuevamente sus responsabilidades con los estudios.

En cualquier pérdida, los niños sienten una sensación de vacío, ausencia y tristeza, y necesitan contar con la comprensión de los padres. En los cambios de escuela, de casa, de ciudad, de país, o cualquier otro cambio se necesita un tiempo de adaptación en el cual el niño pueda metabolizar sus emociones tanto de la tristeza por lo que quedó como de la experiencia de lo nuevo que llega.

Michele, con 13 años, comenzó a tener insomnio. Todos los de casa dormían mientras que ella se quedaba horas y horas en la ventana de su cuarto y miraba a las personas que pasaban por la calle, incluso de madrugada.

Su madre, que ya iba a atención psicológica, se preocupó y me pidió que la atendiera. Michele vino muy contenta porque podía hablar de sus tristezas. Se acomodó en una almohada y empezó a decir:

—Creo que mi madre piensa que estoy enferma, ¿no es verdad?

—No, Michele, sólo está preocupada con la dificultad que tienes para dormir —le respondí.

—Puedes estar tranquila, no estás enferma. Te aseguro que no lo estás.

Se sintió bien, y empezó a contarme todos los cambios que sucedían en su vida.

—¿Sabe qué pasa? ¡Son muchos cambios! Me cambié de casa, de barrio, de escuela, y ahora mi padre también habla de cambiarnos a otra comunidad religiosa. ¡Ay, Dios mío! —terminó, con un suspiro de desánimo.

En el caso de Michele, se sumaba un cambio más que era el paso por las transformaciones de niño a adolescente. Michele presentaba algunos síntomas depresivos, pero era un cuadro normal ante algunos lutos que elaboraba para adaptarse a la nueva realidad de su vida.

Cuando le dije que era lógico que estuviéramos tristes ante las pérdidas y los cambios, Michele mostró algo de esperanza y reconoció:

—Sí, a veces me pongo triste de verdad, pero también consigo ver las cosas que son buenas para mí y para mi familia.

Lo único que tienen que hacer los padres en estos momentos es aceptar la tristeza del niño y ver esa tristeza como algo normal, sin exigir que cambie de semblante. La dificultad de los padres para vivir con el hijo entristecido podrá llevarlo desde pequeño a construir una fachada de alegría para agradar a sus progenitores, que también usará como protección mientras él se hunde cada vez más en el abismo de la melancolía.

El niño entristecido necesita acogida, comprensión y paciencia. Cualquier acción o comportamiento como dar regalos, comprar dulces u otra cosa para acabar con la tristeza de un niño, solo hará que la tristeza se enraíce en algún lugar de la psique, para salir a la luz después de años, acumulada con todas las tristezas que hasta entonces estaban enterradas dentro del propio ser.

Cuando se trata de pérdidas de personas queridas y próximas por muerte, se necesita una atención especial. Es importante que el niño sepa la verdad sobre la desaparición de la persona, narrada de una forma comprensible de acuerdo con la edad de cada uno. Incluso aunque sea muy pequeño, necesita saber que esa persona se fue y que no volverá nunca más, al mismo tiempo que se le garantiza que será cuidado, protegido y amado. A veces, para evitar la tristeza a un niño, no le contamos toda la verdad sobre la muerte de alguien. Lo importante no es ahorrarle este sufrimiento al niño, sino permitir que exprese su tristeza, su llanto, su enojo u otro sentimiento de luto, ofreciéndole comprensión y confortándolo físicamente. Al fin y al cabo, como ya lo he dicho antes, la vida está llena de nacimientos, pero también de muertes.

La pérdida de una mascota también es un fuerte motivo para que un niño se deprima. Artur, de 6 años de edad, enmudeció, perdió el apetito y se volvió apático cuando se murió su perro atropellado. Su padre en ese momento estaba en tratamiento psicológico conmigo y me preguntó si lo podía ver. Él vino y le conté el motivo de nuestro encuentro. Dos lágrimas rodaron por su lindo rostro, que revelaban toda la tristeza que tenía por la pérdida del animal. Le pedí que me contara cómo había sido la muerte de su perro usando algunos juegos que dejé a su disposición en la sala. Él tomó un cochecito de hierro y un perrito de plástico y me mostró como había sido el accidente.

Al revivir esa escena y después de hacer unos funerales juntos y un entierro para el perro, Artur pudo expresar toda la rabia que sentía por el coche y demostrar toda la tristeza que le producía la falta del animal, que desapareció de un modo repentino y violento.

De este modo, apenas llegó a la sala de espera, dijo:

—Papá, vamos a buscar otro perrito. ¡Ya enterré aquel!

Estas palabras indicaban que Artur se había despedido de verdad del animal muerto y que estaba preparado para tener otra mascota.

Los padres, los profesores y demás personas responsables que cuidan de niños necesitan prestar mucha atención a los cambios de comportamiento. Los principales cambios suelen ser: apatía, lloro excesivo, irritabilidad, aislamiento, lentitud psíquica y motora, dificultad de concentración y raciocinio, sentimientos de culpa y de desvalorización, alteración de los hábitos alimenticios y del sueño, bajo rendimiento escolar, pérdida de interés por actividades lúdicas y uso de frases que indican baja estima y autoconsideración, como por ejemplo: "No sirvo para nada", "Soy un burro", "No le gusto a nadie", "Lo hago todo mal", etc. El surgimiento de uno o dos de estos síntomas puede indicar solamente cansancio físico, malestar o una necesidad mal satisfecha. Pero la permanencia de estas alteraciones en el comportamiento infantil puede ser la indicación de una reacción depresiva a alguna necesidad del niño. Cuando sucede esto, hay que cuidar de la depresión que se ha instalado e investigar alguna posible privación o dificultad que el niño siente, supliéndola de la mejor manera posible.

Las estadísticas indican una mayor tendencia de la incidencia de la depresión cuando uno de los padres es depresivo, y el número es todavía mayor cuando el padre y la madre tienen crisis depresivas. La discusión científica sobre el asunto consiste en determinar si hay algún elemento hereditario en la depresión o si un niño aprende a ser deprimido por causa del ambiente en el que es criado.

Andrew Solomon[55] cree que por lo general las madres deprimidas son poco afectivas y casi no tienen contacto físico con el bebé, se enfadan fácilmente y acto seguido se echan la culpa y expresan un afecto exagerado, en situaciones innecesarias.

Es decir, el comportamiento de la madre tiene como centro sus propios problemas y dificultades, y no las necesidades del niño. Existe una desconexión entre ella y su hijo. Y en el caso de que haya una depresión más grave, según una de las investigaciones realizadas por este autor, la madre es indiferente ante el niño, cosa que es mucho peor. La indiferencia será sentida como un desamparo total, que arroja al pequeño a una tristeza desesperante. Sucede lo mismo con el padre, con la diferencia de que normalmente la madre está más tiempo en contacto con el niño.

Reitero que, en estas situaciones, los que más necesitan cuidados y atención son los padres. Y puedo decir que feliz es el niño cuyo padre o madre reconoce que necesita ayuda y la va a buscar, en vez de arrojarle todo encima al pequeño, culpándolo y haciendo de ellos mismos una víctima. En general, cuando ante las dificultades de los hijos los padres buscan ayuda y practican los cambios necesarios, el niño también presenta cambios notables e incluso deja de necesitar tratamiento psicoterapéutico.

Los profesionales de la medicina, como la psicología, y las personas que se disponen a ayudar a un niño deprimido deben considerar este dato para tener una mayor comprensión y aceptación del niño y darle la acogida necesaria —muchas veces, incluso, algunos cuidados maternales o, como dice Winnicott, *un amaternamiento*—, para que se sienta aceptado, crezca y se desarrolle tanto física como emocionalmente.

La depresión en el adolescente

La adolescencia por sí sola ya es una fase difícil y llena de conflictos. Es el período en el que el ser humano pierde los privilegios de niño y todavía no tiene los derechos del adulto. Los cambios fisiológicos y hormonales son muy acentuados y conllevan trastornos internos y externos. Internos, porque se sale de una fase asexuada, aunque se tengan los genitales de niño o de niña. Cuando nos referimos a un niño lo hacemos genéricamente, puede ser tanto de sexo masculino como femenino.

En la adolescencia se consolida la identificación sexual. El cuerpo comienza a producir las hormonas sexuales que aportan nuevas sensaciones y muchas veces provocan consternación a los muchachos y a las muchachas. El cuerpo está todavía en fase de crecimiento, lo que provoca una lentitud y somnolencia que no siempre es entendida por los familiares. La estima generalmente es baja. Los adolescentes se sienten feos e inadecuados. Es en esta fase en la que el adolescente intenta afirmar su identidad como persona. Él ya no quiere que lo identifiquen como hijo o hija de su padre o de su madre. Quiere ser él mismo.

Por si no bastaran todos estos cambios, en la adolescencia el joven necesita escoger su profesión, por lo menos en este país. Y muchos adolescentes en esta fase de la vida se sienten inseguros y sin recursos para elegir el curso que determinará su carrera profesional. Una gran parte de los que piensan que saben lo que quieren, descubrirán entre el primer y segundo año de facultad que se equivocaron cuando eligieron. Todavía es peor la presión que tiene todo adolescente alrededor de los 17 años en cuanto al examen de ingreso a la universidad y el acceso a una buena facultad.

Lamentablemente, solo ingresarán algunos en las universidades del gobierno. Muchos jóvenes se esfuerzan, hacen todo lo que pueden, tienen los conocimientos necesarios, pero no pasarán el examen de ingreso. Por este motivo tendrán que ir a facultades particulares o enfrentar la angustia de que los padres carguen con los gastos, sumado a la comparación que inevitablemente van a hacer los amigos y los familiares con los que consiguieron un puesto en las facultades más renombradas.

Tengo que recordar también que es en esta fase en la que se inicia la atracción por el sexo opuesto y, consecuentemente, el noviazgo. Rupturas de relaciones amorosas son desastrosas para los sentimientos de los adolescentes. Lo que no significa que no debe haber rupturas, sino que los padres tienen que entender la totalidad de las dificultades por las que pasa el joven, para que no exijan de él lo que nadie puede hacer en la adolescencia.

Si unimos esto a lo que ya comenté sobre la infancia y la vida en general como causa para la depresión… ¡casi es imposible pasar por la adolescencia sin experimentar, por lo menos durante algún tiempo, lo que es la depresión!

Los padres tienen que tomar consciencia de que los hijos adolescentes necesitan amor y comprensión, pero que viven un período de la vida en el que tendrán dificultades para retribuir el amor que reciben o para manifestar gratitud. Cuando los padres entienden y se incluyen en el proceso del adolescente, las crisis depresivas de sus hijos tienen a disminuir. En el futuro, la mayor parte de los hijos se vuelve parecida a las figuras paternales, es decir, a sus padres.

La depresión en la mujer

Según Solomon,[56] las mujeres tienen un índice de depresión dos veces superior al de los hombres. Durante la infancia la incidencia es igual en ambos sexos, pero en la adolescencia la diferencia se acentúa. Pienso que este es el precio que como mujeres, pagamos por el gran privilegio de generar en nuestro interior un ser humano; por lo menos, la mayoría lo sentimos de este modo. Los hombres también van a sentir alguna alteración hormonal en sus emociones, pero no se puede comparar a lo que sucede con los sentimientos de una mujer. Por lo tanto, las mujeres presentan varias formas de depresión relacionadas con los cambios hormonales: la depresión premenstrual, la depresión en el embarazo, la depresión posparto y la depresión en la menopausia.

TPM

La tensión premenstrual (TPM) no siempre se caracteriza como una depresión, y cuando se la ve como una depresión, la clasificación que tiene es la de depresión leve y momentánea.

Se puede manifestar como un aumento de la tristeza y la melancolía, pero cuando está solamente relacionada con el cambio hormonal premenstrual es pasajera y leve. La tensión premenstrual no tiene el poder de crear ningún componente emocional. Lo único que puede hacer es despertar contenidos que ya están presentes en la vida de la mujer. La alteración hormonal sí puede dejar a la persona más sensible y con menos defensas en cuanto a sus contenidos emocionales. De este modo, si la persona tiene alguna tristeza guardada, esta aparecerá con mucha más facilidad en el período premenstrual. También se pueden usar medicamentos que alivien los síntomas exagerados en este período, y aumentar el conocimiento sobre sí misma, al observar las reacciones y los sentimientos que aparecen en el período que antecede a la menstruación.

Depresión en el embarazo

La depresión durante el embarazo o tan pronto como se recibe la confirmación de este no está muy difundida. La más conocida y común es la depresión posparto. Sin embargo, la depresión en el embarazo es muy frecuente y merece tanta atención como los otros tipos de depresión, pero con una consideración especial por causa del desarrollo del feto y del bienestar de la gestante, hasta que ella se adapte a la nueva realidad de su cuerpo y de su vida.

Keyla se había casado hacía poco tiempo; tenía 25 años cuando descubrió que estaba embarazada por primera vez y que este hecho se producía dos años antes de lo que estaba previsto. A continuación, presento su relato:

Recuerdo perfectamente mi reacción cuando vi el examen de sangre con el resultado positivo de mi embarazo. Me quedé indiferente. Era como si no tuviera emoción. No afloró ningún sentimiento en mi cuerpo. Por más que lo busqué, no sentí nada. Mi mundo no se cayó, pero no me sentí feliz y no tenía ganas de contárselo a nadie.

Por la noche, se lo tuve que decir a mi marido por teléfono. No pude contagiarme con su alegría en un primer momento. Solo tuve mi primera reacción de felicidad cuando él llegó a casa con un chupete en la mano, una sonrisa en el rostro y lágrimas en los ojos.

¡Yo tenía que estar feliz! Estaba casada, tenía mi casa, un trabajo, un buen matrimonio... Los hijos solo le traían más bendiciones a mi vida. Por lo menos, eso es lo que había oído toda mi vida, y más todavía al convivir con un evangélico.

Y a partir de ese momento empecé a poner una sonrisa cada vez que alguien me felicitaba por mi embarazo, a decir "estoy muy bien" cuando alguien me preguntaba cómo estaba...

Al día siguiente, al confirmar mi embarazo en una consulta médica, empecé a sentir mareos. Sencillamente perdí el apetito y no lograba comer nada de lo que me gustaba antes. Me encanta comer, y perder ese placer me produjo mucha angustia y mucha tristeza.

Empecé a pensar en todos los planes que había hecho: viaje, carrera, adquisiciones. Planes que ahora habían sido atrasados o incluso interrumpidos.

Durante el día parecía que estaba bien; trabajaba, y cualquiera que me encontrara diría que era una embarazada feliz.

Pero cuando llegaba a casa, lloraba sin saber por qué, me iba a dormir a las cinco de la tarde y a veces me despertaba a las ocho de la mañana del día siguiente.

Mi marido no se podía acercar a mí. Un saludo con un simple beso me irritaba y me hacía sentir invadida. No poder hacer lo que me gustaba por estar embarazada me ponía todavía más irritada.

En esa época iba a terapia, y siempre aparecía con una amplia sonrisa, contando lo feliz que me hacía el estar embarazada.

Creo que mi terapeuta vio que mi sonrisa no estaba muy de acuerdo con lo que yo decía, porque un día me preguntó por las cosas que dejaría de hacer por causa del embarazo. Él sabía bien cuáles eran mis planes para ese año. Cuando después de pensarlo bien, estuve de acuerdo en que tendría que dejar muchas cosas, me dijo:

—Dios mío, debe ser muy triste no poder hacer todo eso…

Empecé a llorar desconsoladamente. Por primera vez lloré de verdad al pensar en todo lo que perdía, y me permití sentir tristeza. Tenía motivos para estar triste. Mi embarazo no era solo de cosas buenas.

A partir de ese instante percibí más mi tristeza y, créalo, mis alegrías también.

Me acuerdo de un día en el que salía de un edificio y una vecina me preguntó cómo estaba, yo respondí que estaba muy mareada, y ella me dijo:

—Pero incluso el mareo en el embarazo es bueno.

Me acuerdo que fue la primera vez que respondí con sinceridad. Solo dije:

—¡No, señora, no lo es!

¡Eso había sido una victoria! algo tan bueno como decorar la habitación de mi hijo, comprarle ropa e incluso sentirme más mujer.

Poco a poco, la tristeza fue disminuyendo, y cuando aparecía sentía más confianza para hablar de ella.

El niño nació —mi querido niño—, y pude cuidar de él, sin depresión y aceptando las cosas buenas y malas que le trae un bebé a la vida de una mujer.

Peor que tener una depresión es no aceptar el dolor de la misma o de cualquier sentimiento herido; no permitirse recibir, incluso de sí misma, los cuidados necesarios cuando se tiene una depresión.

Me contó Silvia, en una conversación que tuvimos cuando fui a visitarla y a conocer a su bebé:

Tardé mucho para admitir que lo que yo tenía era una depresión. Al fin y al cabo, ¿cómo podría estar triste, si todo sucedía como lo había planeado? Lo que yo deseaba era un embarazo. Cuando supe que además de la psicoterapia tendría que tomar un medicamento, me desesperé, me culpé. La peor parte de mi depresión fue mi prejuicio, la dificultad de aceptarme como deprimida

Silvia ya estaba en psicoterapia hacía algún tiempo. Me había buscado por causa de una depresión que se podría considerar como severa dentro de un diagnóstico psiquiátrico. Pero la búsqueda de ayuda ya es una buena señal de inicio de la recuperación. En menos de un año, Silvia ya había retomado una buena parte de sus actividades.

Entonces decidió enfrentar la dificultad de aceptar un embarazo. Su marido tenía muchas ganas de pasar por la experiencia de ser padre, y Silvia decidió no postergar más la llegada de un bebé.

Con la ayuda de un profesional, se dio cuenta de que su dificultad estaba relacionada con los mensajes negativos sobre la maternidad que su madre le había transmitido. Todavía era capaz de oír a su madre, como si estuviera allí diciéndole:

—Los hijos solo dan trabajo. ¡Ya lo verás! La vida sería mucho mejor si yo no hubiera tenido hijos.

No fue difícil para Silvia tomar conciencia de que la tarea de criar a los hijos a veces es verdaderamente penosa, pero que también hay muchas alegrías y compensaciones en la maternidad. Renunció a las cosas negativas que le había dicho su madre, y se propuso quedar embarazada y experimentar en carne propia todos los sentimientos de concebir y "amamantar".

Después de unas vacaciones, volvió a nuestros encuentros y me anunció que estaba embarazada de seis semanas. Le pregunté, como siempre:

—¿Y eso es bueno o malo?

—¡Es bueno, más que bueno! —me respondió.

Y luego del "más que bueno" le di mis felicitaciones.

Quince días después, Silvia no apareció para su consulta, y le dejó un recado a mi secretaria para que yo la llamase. La llamé, y me dijo llorando:

—Estoy muy mal. Tengo miedo del futuro, miedo de no amar a mi bebé, miedo de amarlo demasiado y, lo que es peor, miedo de no salir nunca de esta depresión. No consigo salir de la cama. Siento mucha tristeza y no tengo ningún ánimo. Por eso no fui hoy. Iré la próxima semana.

Pero Silvia no vino a la semana siguiente ni la otra. La llamé y descubrí que había ido a casa de su prima y que no conseguía salir de la cama ni para comer. Pregunté si quería que fuera a verla, y dijo que sí.

Cuando llegué, fui al cuarto en el que se encontraba y hallé a una Silvia totalmente diferente a la que yo había visto en los últimos tiempos. Estaba abatida, había perdido peso, no tenía ganas y no quería hacer ningún movimiento, aunque fuera mínimo. No quería salir de la casa de su prima. Y cualquier pensamiento que le sugiriera volver a su casa la cansaba. Le gustó mi presencia, pero estaba silenciosa. Supe que en ese momento incluso las preguntas que hacemos muchas veces como psicoterapeutas serían demasiado fuertes para Silvia.

El primer pensamiento que tuve fue que ya había atendido a algunas mujeres con depresión posparto; también había leído y oído hablar del asunto, pero ¿depresión justo al inicio del embarazo? Era nuevo para mí y, por supuesto, también para Silvia. No el hecho de deprimirse, ya que eso lo conocía muy bien por otras situaciones, sino el hecho de que le sucediera justo al comienzo de la gestación, cuando todos esperan reacciones de alegría y felicidad. Era un buen momento para poner en práctica mi creencia sobre la atención psicológica: antes de una evaluación o diagnóstico, escuchar con verdadero interés todo lo que tiene que decir la persona y todo lo que no dice pero comunica con su postura, con su semblante o incluso silenciosamente. Y eso fue lo que hice de todo corazón esa mañana.

Me quedé un tiempo en silencio, acompañando el silencio de Silvia, mientras intentaba captar los sentimientos que se hacían patentes durante la ausencia de conversación. Después de quince minutos, interrumpió el silencio:

Creo que tengo que ser vista y considerada, pero no sé por quién. Todos están preocupados con mi bebé y se olvidan de que no estoy bien, sin ánimo, sin energía, con miedo y sufriendo. E incluso hay personas que me dan unos consejos pésimos, como que haga ejercicios, porque la endorfina es buena para la depresión, que dé un paseo por el centro comercial, que le compre cosas al bebé, que pasee un poco... En fin, consejos que solo sirven para revelar que esas personas no saben escuchar a un deprimido.

Otros solo me dicen que tengo que hacer mil cosas por el bebé.

Y yo creo que el bebé lo necesita, pero ahora la que más lo necesita soy yo.

En este momento la historia de Silvia me saltó a la memoria, y no fue difícil notar que mucha de esa necesidad estaba relacionada con el desamparo y el abandono que sintió cuando era niña y adolescente.

Silvia tenía una familia cuya madre no se dedicó al del cuidado de los hijos. Todavía era muy pequeña cuando tuvo que cuidarse a sí misma y hacer cosas pesadas para un niño, como lavarse la ropa, comprar el material escolar e ir al dentista, sin la compañía de un adulto.

Le pregunté si sentía necesidad de ser cuidada. Ella balanceó la cabeza al mismo tiempo que me decía que sí, y todavía me dijo que a veces se sentía como una niña que no sabía cuidarse, que por ejemplo se calza mal los zapatos y que necesita la ayuda de los otros. Le garanticé a Silvia que, mientras ella quisiera, tendría mi compañía en aquella fase tan difícil, y me organicé para verla semanalmente yendo hasta la casa de su prima.

El marido de Silvia fue paciente, amoroso y cuidadoso, y tomó todas las medidas necesarias para que ella se sintiera bien. Tuvo la asistencia del médico de la familia, que le prescribió un antidepresivo adecuado para su uso durante el embarazo, y contó con el apoyo de su prima, que ya tenía hijos adultos y pudo dedicarse a su cuidado.

El acompañamiento psicológico, la medicación, el apoyo familiar y el médico fueron fundamentales para que Silvia se recupere de la depresión. Logró cuidar de todas las cosas y preparar la habitación de su hija antes de que naciera la beba, que llegó con salud y pudo ser cuidada adecuadamente por su madre.

Depresión posparto

Durante mucho tiempo no se le dio la debida atención a la depresión posparto. Antes cuando una mujer daba a luz a su hijo, tenía la obligación de cuidarlo se sintiera bien o mal. Según María

Falcón,[57] médica y maestra en periodismo científico, fue necesario que Brooke Shields tuviese depresión posparto para que los especialistas prestaran atención a este problema, que también varía de mujer a mujer en relación a la intensidad y al tiempo de duración. Algunas mujeres, después de que nace el bebé, son acometidas por una sensación de tristeza, que puede ser pasajera pero también puede durar varias semanas, hasta que el cuidado del bebé sea parte de la vida cotidiana de la madre.

El simple hecho del útero vaciado demanda en sí un tiempo para que la madre se readapte a los cambios de su cuerpo y de su vida.

Se vació su cuerpo y se llenaron sus manos, pero tiene allí, delante de ella, un ser lleno de necesidades, totalmente dependiente que solicita de una forma egoísta la presencia de alguien que lo cuide. El bebé no espera hasta que la madre descanse, esté sin dolor o no tenga ningún malestar para atenderlo. Él llora —es el único medio que tiene para avisar que algo le pasa— aún en los momentos más incómodos para la madre.

Aparte de eso, la mujer que acaba de dar a luz tiene que lidiar con los cambios que se produjeron en su cuerpo; por lo general, la mujer aumenta mucho de peso en el embarazo, y aun después del parto el abdomen permanece agrandado.

Solo el tiempo y una dieta adecuada harán que el cuerpo vuelva a la normalidad. Pero igualmente parte de ese cambio permanecerá en el cuerpo femenino como señales de que esa mujer ya engendró hijos.

Cuando nace el bebé, la madre se dedica exclusivamente a él, vive una relación intensa con el niño y no le importa lo que ocurre a su alrededor. Si no se puede dedicar a atenderlo por alguna enfermedad, aun así sus pensamientos continúan dirigidos exclusivamente al bebé.

Alrededor de los tres meses después del parto, la mujer empieza a observarse con más frecuencia, y las investigaciones muestran que 80 % de las mujeres sienten tristeza posparto. Es necesario darle una atención especial cuando la tristeza se asienta; se suman a ella otros síntomas depresivos como desánimo y dificultad para cuidar al bebé, ya que así se caracteriza la llamada depresión posparto.

Esta depresión puede presentarse aun a fines del primer año después del nacimiento del bebé y prolongarse por un período de hasta dos años.

Paulo Pereira Andrade, médico ginecólogo y obstetra, afirma que en el puerperio —el período de recuperación después del nacimiento del bebé— la mujer tiene síntomas como los de la menopausia porque diminuye el estrógeno, una de las hormonas femeninas. Basado en su experiencia, considera que no es solamente la falta de hormonas que hace aflorar la posible depresión posparto, sino que también las motivaciones y la salud emocional son factores importantes que se deben tomar en cuenta cuando la madre se siente deprimida.

Las depresiones posparto muchas veces son la chispa de algo que ya existía. El afirma que muchas mujeres quedan embarazadas con la intención de *prender* al marido, que las amenaza con "dejarla".[58]

Los hijos no mejoran los matrimonios. Al contrario, agravan lo que está crisis y despiertan conflictos que muchas veces están escondidos o camuflados en la relación conyugal. El que piensa que un hijo va a unir más al matrimonio, tendrá que enfrentarse con la decepción de descubrir que la llegada del bebé solo aumentó la distancia entre el marido y la mujer. Como ya mencionamos, un bebé es egoísta, llora a cualquier hora del día o de la noche, y muchas veces sin ningún motivo, sin preguntar si la madre está con visitas, cansada, enferma u ocupada. El amor de un niño es interesado y quiere ser retribuido. Él ama a quien le hace bien y suple sus necesidades al darle bienestar y satisfacción.

En el caso de los bebés, ellos no manifiestan ningún tipo de reconocimiento del gran sacrificio que realiza su mamá.

La fase de cuidado de los hijos cuando son pequeños exige una máxima dedicación del marido y la mujer; es una entrega incansable, de tal manera que no sobran energías para tratar los conflictos que ya existen en el matrimonio. La tensión y el cansancio pueden hacer que esos conflictos se acentúen y sean llevados al límite.

Para Paulo Pereira Andrade, la depresión posparto, con algunas raras excepciones, es una depresión que ya existía aun antes del embarazo. El nacimiento del bebé solo trae a luz una dificultad que no había sido confrontada o asimilada en la vida de la mujer.

En la mayoría de los casos que atendí, la atención, la conversación y el tiempo que les brindé a las madres en el consultorio resolvió mucho más que los remedios para la depresión.

Las madres deben saber que un bebé despierta todo tipo de sentimientos en los padres, tanto en la mamá como el papá.

Cuando cuidamos de un bebé experimentamos variedad de sentimientos, tanto aquellos que consideramos nobles y bonitos como los que no son tan nobles, como la rabia, el cansancio, el desánimo y el miedo. La depresión posparto se acentúa cuando la madre se condena porque no experimenta deseos de cuidar al bebé; y es peor cuando la madre no se siente llena de amor por ese niño como todos los que están a su alrededor esperan. Ella se cree la peor persona del mundo y se llena de culpa.

—¡Soy un monstruo! —me dijo Rebeca, la mamá de un bebé de un año— porque hasta hoy, a veces, no tengo ganas de cuidarlo. A veces hubiera preferido que él no hubiese nacido. No tengo más vida.

Cuando le expliqué que ella no era un monstruo, que era apenas una mujer de carne y hueso que se cansaba, que tenía ganas de tener un tiempo para cuidar de sí misma y que sentía rabia al darse cuenta de que ya no podría tener algunos de los privilegios que tenía antes de que llegase su hijo, suspiró aliviada.

En el caso de esta madre, la depresión aumentaba a medida que se culpaba. Es necesario que la culpa y la autocondenación acaben por medio de un entendimiento y comprensión amorosa sobre sí misma, al darse cuenta de que una mamá también es un ser humano. Cuando Rebeca entendió que era normal sentir todo eso en relación con su bebé, empezó a respetarse, por ejemplo, al pedir ayuda a sus amigas cuando se sentía muy estresada con respecto al cuidado del bebé.

Aún recuerdo cuando mis hijos eran pequeños. En aquella época no teníamos la comodidad de los pañales descartables a precios económicos. Yo me sentía muy cansada, porque no tenía a nadie para que me ayudase a lavar los pañales, y un día me sorprendí haciendo el cálculo de los pañales que cambiaría y lavaría en la vida. Les confieso que en esos momentos me desanimaba por completo. A pesar del gran placer que me hacía sentir el ser madre, sentía nostalgias del tiempo en que no tenía hijos que me exigiesen tanta atención y cuidado.

Muchas mujeres cuando quedan embarazadas, especialmente las que son muy jóvenes, todavía no resolvieron sus cuestiones emocionales en relación al vínculo entre madre e hija. Por mi experiencia, he notado que, cuanto más sana sea la relación de una mujer con los padres y, principalmente, la relación con la madre, mucho más pronta estará para gestar y cuidar de un bebé. En la vida adulta es necesario que las personas, especialmente la mujer, sean independientes emocionalmente y asuman su propia vida sin esperar que su madre resuelva sus problemas. De alguna manera, cuando uno crece es necesario aprender a aniñarse. Del mismo modo que los padres deben dar libertad a sus hijos para que vivan sus propias vidas, los hijos deben aprender lo mejor posible cómo suplir sus propias necesidades. Pero cuando una mujer da a luz es muy importante que el marido, la familia y, si es posible, la madre de la progenitora cooperen en la tarea de cuidar al bebé para que la mamá pueda descansar, cuidarse y, de a poco, asumir sus tareas y actividades maternales.

Juan Pedro, ejecutivo, marido y padre amoroso, lo entendió claramente. Dos noches por semana, él cuidaba del bebé; solo despertaba a su esposa para que lo amamantara. Los fines de semana, especialmente los sábados, asumía toda la responsabilidad del bebé para que su mujer pudiese hacer todo lo que necesitase con más tranquilidad. Ella se sacaba un poco de leche para dejar por lo menos una mamada para el bebé, y salía a dar un paseo, ir al cine, tomar un café con una amiga o hacer una caminata. Cuando se sintió exhausto por el trabajo que le daba, Juan Pedro respondió:

—Mi esposa está mucho más exhausta que yo con todo el esfuerzo que realizó al llevar al bebé en el vientre durante nueve meses para que viniese al mundo. Yo también me canso, pero es lo mínimo que puedo hacer hasta que crezca un poco. Aparte de eso, quiero que mis hijos sientan de alguna forma mi presencia participativa desde pequeñitos.

Muchos profesionales que atienden a las mujeres con depresión posparto dicen que el gasto de energía que ellas hicieron entre el embarazo y el parto es una de las causas para ese período de depresión que ocasionalmente sobreviene después del nacimiento del bebé.

El apoyo del cónyuge, de la familia, el acompañamiento psicológico en terapias y el acompañamiento psiquiátrico con remedios que disminuyan los síntomas son necesarios para que la mujer se recupere de una depresión posparto en menos tiempo de lo normal; y aun para que se fortalezca, a fin de que pueda tratar mejor en el futuro los posibles síntomas de depresión.

Menopausia

Hace unos días participé de una palestra sobre psicología en el monasterio San Benito, en la ciudad de Viñedo.

Mi amiga y yo decidimos salir a caminar un poco, entre los pinos que hermoseaban el lugar. De repente, vimos en el suelo unas marabuntas, un tipo de hormiga muy grande.

Paramos para observar a una de ellas durante quince minutos. Al volver del vuelo nupcial, empieza a caminar como si las alas no le sirviesen más. Después va dando vueltas alrededor de sí y con sus patas arranca cada una de las alas; hace eso varias veces hasta librarse de las alas que un tiempo atrás le eran de gran utilidad. Después de deshacerse de sus incómodas alas, empieza a caminar rápido, buscando un lugar en la tierra más blando que le permita hacer una cueva; allí depositará millones de huevos, que generarán nuevas hormigas y formarán una nueva colonia. Entonces cierra su ciclo de vida.

Como estoy cerca de los 60 años, he cuestionado mucho las ventajas y las desventajas de envejecer, porque a veces es muy triste ver las limitaciones del cuerpo durante el envejecimiento. Y allí había un insecto dándome lecciones de vida que nunca olvidaré.

La vida está llena de fases y cambios. Y aunque no nos gusta, la vida pasa y nos enseña que es mejor vivir cada una de las fases, y preferentemente vivirlas intensamente en el momento en que se presentan. Porque vivir fases fuera de la hora y fuera del lugar no es muy bueno en la experiencia humana.

Recuerdo a una amiga que no supo tratar con una adolescencia reprimida y no vivida. A los 50 años empezó a usar ropas exageradas que exponían su cuerpo, el tipo de ropa que sólo les queda bien a las adolescentes. También empezó a provocar a los jóvenes del sexo opuesto. Quería vivir a los 50 años lo que no había vivido en la adolescencia o en el tope de su juventud. Lo único que ganó mi amiga fue el desprecio de su marido, que le pidió el divorcio; sus hijos la abandonaron al avergonzarse de ella, y perdió su casa, el lugar donde había vivido durante mucho tiempo. Solo después de que perdió todo se dio cuenta de cuántas cosas había dejado escapar de sus manos.

Hoy, quince años después, reconoce:

—Todo tiene su tiempo, y vivir fuera de ese tiempo tiene un precio que no vale la pena pagar. Cuando no se vivió alguna etapa en el tiempo adecuado, es mejor quedarse con ese dolor, ¡que con seguridad será mucho menor que otros dolores!

Volvamos a la hormiga: es fácil concluir que ella se preparaba para una nueva función. ¡La menopausia es eso! Es una transformación, un cambio para una nueva fase. El cuerpo no procreará más, los ovarios avisan que pararán de funcionar, que ya no tendrán más utilidad. Y aunque la ausencia del ciclo menstrual también nos trae un cierto alivio, se nos avisa que el cuerpo envejece, que una parte de él se muere. ¿Cómo no nos vamos a entristecer y deprimir delante de esta realidad?

Hay una mezcla de pérdidas que son lloradas en la menopausia, y es imposible olvidarse de esa verdad, porque cuando parece que lo logramos aparecen los sofocos, los calores aun en los días de frío, para recordarnos que vivimos una transformación. La mejor manera de entregarse a ese juego de la naturaleza de ganancias y pérdidas es, en primer lugar: llorar, llorar y llorar todo lo que sea necesario, para que después se puedan identificar las ventajas y disfrutar de esa nueva etapa.

Admiro a aquellas mujeres que, casi como por arte de magia, se pueden alegrar con las ventajas de la menopausia, sin sentirse incómodas o entristecidas por ello.

Lo que sé, por experiencia propia y por lo que veo en mi trabajo con mujeres en esta etapa, es que la mejor ayuda es vivir ese dolor de enterrar lo primero que muere —en este caso, los ovarios y el útero— para poder vivir las ventajas de ser libres de toda preocupación con la menstruación y el embarazo, y dedicarse a otras maneras de criar, engendrar y producir.

¡Vivir algún tipo de depresión en ese momento de la vida es lo más natural! Pienso que la que dice que no vivió ningún tipo de tristeza por causa de la menopausia huye de la dificultad de despedirse de una etapa y aceptar vivir otra nueva; o vive tan mal, que cuanto más rápido le pase la vida, mejor.

¿No será que quien vive de una de estas dos maneras es una persona que apenas pasa por la vida y desea que se termine lo más rápido posible? Pero también pienso que al vivir así la persona no deja ningún legado que valga la pena para sus descendientes.

¿La menopausia es horrible? Lo es y no lo es; tiene sus molestias, que en la actualidad se pueden disminuir muchísimo con remedios.

Tratarse con un ginecólogo es necesario, porque puede controlar la reposición de hormonas o dar cualquier otro tipo de tratamiento para proteger la salud y cuidar del cuerpo lo mejor posible. Lo feo es vivir la vida huyendo de ella, sin darse cuenta de que existe lo positivo y lo negativo en cada etapa vivida. La que vive hasta la menopausia —y hoy en día no es difícil llegar a esta fase bien, bonita y saludable— sentirá las dificultades de no producir más con los ovarios y el útero, pero se sentirá libre para fertilizar y producir con las manos, con el corazón, con la cabeza y con todo lo que resta del cuerpo. También puede aceptar sus momentos depresivos como un tiempo de descanso y mirar hacia su interior para fortalecerse y para vivir las nuevas oportunidades.

Las nuevas oportunidades tal vez requerirán de tiempo para adquirir conocimientos intelectuales, que permitirán ejercer tareas que se haya deseado realizar y que por algún motivo tuvieron que dejarse de lado con el correr de la vida, cuando otras responsabilidades debían ser asumidas. O se pueden vivir nuevas experiencias, principalmente con las relaciones humanas.

¿Cuántas mujeres que no cumplieron bien el papel de ser buenas madres llegan a la madurez siendo abuelas maravillosas, simplemente porque se dispusieron a cambiar algunos de los propios valores, conceptos, creencias y se tornaron más pacientes y amorosas con los niños? Una mujer se puede enriquecer y lograr cosas nuevas —tanto intelectualmente como al adquirir otras experiencias— para tomar nuevos rumbos mientras la vida dure.

Cuando nos abrimos constantemente para rever nuestra forma de vivir, siempre encontraremos algo que podemos mejorar. Pero existen algunas cosas de las que solo nos podremos dar cuenta, después de los 50 años.

Me dijo Marcela:

Me encantaría ser la hija chiquita de la mujer que es mi madre ahora. ¡Ella es tan buena y tan paciente! Cuando yo era una niña, el sofá, la toalla limpia, los cubiertos ordenados y otras tantas cosas eran mucho más importantes que yo. Ahora veo que mis hijos se divierten en el sofá, ponen las manos sucias de chocolate en los manteles blancos, y ella simplemente dice: "Pueden jugar, no hay problema, el agua y el jabón resuelven todo". Ahora es mucho mejor. Suerte para mis hijos, sus nietos.

Otras personas podrán descubrir nuevos talentos y habilidades. Diná es divorciada, y después de la crisis de depresión que vivió en la menopausia, decidió dedicarse a fotografiar los fines de semana, cuando no tenía compromisos de trabajo. Hizo un curso, consiguió una máquina fotográfica antigua y descubrió un mundo que nunca antes había notado.

Los calores se me pasan casi sin darme cuenta cuando estoy en el parque Ibirapuera, fotografiando. Un pajarito que canta, un insecto que me sorprende, una flor perfumada que nunca había visto, una semilla que anuncia esperanza o un avión que corta el aire y hace un ruido monstruoso. Sea lo que sea, paso horas y horas allí, apreciando la vida. Cuando me encuentro con mis amigos siempre tengo algo nuevo para compartir; les hablo de la naturaleza inadvertida por la mayoría de las personas; y en la última Navidad les regalé unos lindos cuadros con fotos que saqué yo misma y enmarqué.

Mientras tengamos vida, tendremos algo para ver, para tener, para producir y para fecundar corazones con una mirada y un toque amoroso. Y lo que fertilicemos podrá nacer y reproducirse por muchas y muchas generaciones en nuestros descendientes.

La menopausia tiene sus conflictos, pero es solamente la transición de una fase que pasó hacia otra que acaba de llegar, nueva y bienvenida.

Síndrome del nido vacío

Es un poco irónico, pero muchas madres necesitan luchar con las crisis de depresión, tanto cuando los hijos nacen como cuando dejan el hogar, o cuando ya no necesitan más de los cuidados maternos. Y quiero agregar que muchas veces, cuando nacen nuestros hijos y cuando salen de nuestra casa, podremos sufrir tristezas, frustraciones y decepciones. Pero aun así el valor que tiene engendrar y criar un hijo ¡enriquece y vale la pena!

Cuando los hijos salen de casa, la madre puede ser atacada por el llamado síndrome del nido vacío. Las depresiones en esta etapa pueden ser tanto leves, como profundas y severas. Insisto en decir que siempre que se produzcan cambios en una etapa, la crisis que surge debido al vacío que es dejado por los hijos también puede ser una oportunidad para nuevos comienzos. La intensidad y la dificultad de la crisis dependen mucho de la condición en que la mujer se encuentre.

Las mujeres que tienen un marido que es compañero y comprensivo, probablemente, superarán ese momento con más tranquilidad. Pero no siempre es de esa manera.

Muchas veces, cuando los hijos salen de casa, la mujer se da cuenta de que su relación matrimonial es frágil y está debilitada, que no fue cultivada, tal vez por todo el cuidado que tuvieron para con los hijos. Hay maridos que a esa altura de la vida se dedicaron exclusivamente al trabajo en la vida profesional. Y otros se encuentran con la realidad de un divorcio y sus implicaciones.

Pero aun pienso que lo peor, en cualquier realidad que se pueda descubrir cuando lo hijos se van, es enfrentarse consigo misma y evaluar todo lo que fue vivido hasta ese momento. Las depresiones que surgen están dentro de lo que se espera porque, por lo general, en ese momento afloran sentimientos de desvalorización, inseguridad, abandono, soledad, aparte de la sensación de perder la identidad y sentir que no fueron justos. Incluso después de tantas conquistas, las mujeres sienten en la propia piel las situaciones de un trato desigual y de un reconocimiento injusto. Precisan luchar, y mucho, para ser vistas con los mismos méritos con que se ven los hombres, aun en lo que se refiere al sueldo, cuando ejecutan una tarea, función o trabajo.

—¡Yo era feliz y no lo sabía! —me dijo Teresa—. Hoy trabajo, voy al supermercado, administro la casa, voy a las reuniones de la escuela de mi hijo, lo llevo al pediatra… Mi marido, cuando baña al niño y lava los platos, ya se da por satisfecho, siente que cumplió con las tareas domésticas y se golpea el pecho diciendo que participa de los quehaceres. Las feministas lograron hacer que las mujeres ahora tengamos dos empleos, uno afuera y otro adentro de casa.

Yo reconozco que no todos los maridos son así. Realmente, algunos asumen una gran parte de los quehaceres domésticos. También sé que en muchas regiones de Brasil, el cuadro de tareas y funciones, tanto para hombres como para las mujeres, presenta características diferentes y bien definidas. En otros países de diferente cultura religiosa y política también hay desigualdades. En general, por más que haya igualdad de derechos entre hombres y mujeres, parece que siempre hay un perjuicio hacia el lado femenino. Y al afirmar esto, me refiero a la vida en grandes capitales y grandes ciudades brasileñas, que son mi realidad. Mujeres que dejan sus casas para trabajar afuera, saben que cuando vuelvan se van a encontrar con un montón de tareas acumuladas, que las sobrecargan y las llevan a tener una sensación de impotencia, de desánimo y muchas veces de depresiones dolorosas. Al mismo tiempo que una mujer siente satisfacción en el trabajo, también se siente sin fuerzas para realizar todas las tareas domésticas y cuidar a los hijos que están bajo su responsabilidad.

No es muy raro ver que a mujeres que tienen más de 40 años sus maridos las abandonan, porque se van con jóvenes de 25 años. De alguna manera, la televisión "vendió" con gran éxito a sus televidentes —incluso a aquellos que viven en ranchitos en el medio del campo en el interior de las provincias brasileñas— que la mujer ideal es la joven que aún mantiene un cuerpo intacto y que tiene todo en su lugar. He viajado por varios lugares, y me he hospedado en hoteles en el territorio brasileño, y he observado que la mayoría de las parejas que se hospedan en esos hoteles son hombres cincuentones con mujeres que tienen más o menos 30 años y casi siempre, la única pareja de la misma edad somos mi marido y yo.

Hoy se vende la idea de que la mujer también puede tener un novio o un marido mucho más joven, pero para eso ella tendrá que tener un cuerpo intacto como lo tenía a los 25, aunque tenga 40 o 50 años. Muchas, al no soportar la soledad, el abandono, el rechazo, y sentir la necesidad de ser aceptadas o deseadas, persiguen desesperadamente el objetivo de mejorar su cuerpo al someterse a todo tipo de cirugías plásticas.

Cirugías plásticas

Infelizmente, los medios de comunicación solo muestran la mitad de la verdad, y la mitad de una verdad se puede transformar fácilmente en una mentira. La realidad en los consultorios de psicología es totalmente diferente. Buscar algún recurso para evitar, corregir o mejorar un poco la estética es saludable, y muestra tener un cuidado adecuado para con el cuerpo.

Debby tenía unos senos muy grandes, y como resultado de ese peso exagerado, empezó a sentir dolores en la columna vertebral. Aceptó someterse a una cirugía que el médico le recomendó para reducir el tamaño de los senos. La cirugía plástica eliminó los dolores de la columna vertebral y mejoró notablemente su estética, al permitirle aceptar mucho mejor su propio cuerpo.

Pero este caso no es lo que veo siempre en una cirugía plástica. La situación sobrepasa una necesidad y revela síntomas de una sociedad enferma en cuanto a la estética del cuerpo femenino. Es una obsesión que ha alcanzado a hombres y mujeres. A los hombres, porque empezaron a valorar más a la mujer por la estética, algo imposible de mantener después de los 40 años, a no ser una que otra privilegiada; y a las mujeres, porque se someten mansamente a las reglas masculinas en vez de dictar sus propias reglas. Conclusión: hoy la inversión principal en la vida de una mujer es la estética y la transformación del cuerpo.

No hace mucho tiempo, una amiga se me acercó y con mucha delicadeza me sugirió que me hiciese una cirugía para sacarme algunas arrugas, la bolsa que se nos hace en los párpados y el exceso de gordura en el abdomen y en las caderas.

—¡Quedarás preciosa! Al final tú eres un modelo de persona que es seguido por muchas mujeres —me dijo ella.

Al comienzo me asusté: "¿Será que estoy tan horrorosa?" me pregunté a mí misma. Después pensé: "Mi Dios, creo que realmente necesito mejorar un poco el cuerpo".

De repente todo el esfuerzo que hacía para aceptar mi cuerpo adecuado a mi edad, ahora cambiaba y llevaba mis pensamientos a la posibilidad de mejorarlo con una cirugía plástica, para que tuviese una apariencia más joven... Es de imaginarse que me quedé un poco deprimida y durante unos días me sentí la mujer más horrorosa de la faz de la Tierra. No puedo garantizar que jamás me haré una cirugía plástica. Mi amigo Renato siempre dice:

> Llega una edad en la cual la vanidad y el deseo de tener la belleza que ya se fue hablan mucho más alto que cualquier otro valor, credo, u opinión; entonces la mujer corre para buscar, por lo menos, la ilusión de que todavía tiene un poco de la belleza física de antes, y se hace una plástica.

Pero cuando me acuerdo de algunas mujeres que atendí, y de otras que todavía atiendo en mi consultorio, amigas que ya pasaron por ese drama de las cirugías plásticas y hablan de todo lo que la cirugía envuelve, no me da ni un poquito de ganas de cambiar algo en el cuerpo, y sí de mantenerlo lo más saludable posible, con ejercicios, dietas y descanso, sin agresiones y sin los dolores de la cirugía. Si tengo que ser ejemplo, en este momento, quiero serlo de alguien que invierte más en los valores internos que en la estética.

El cuerpo es un bien precioso que debemos cuidar de la mejor manera posible. Pero poner todo el esfuerzo, la energía y el dinero solo en la apariencia física nos puede causar más tristeza y frustración. Como ya lo dije antes, no estoy en contra de usar los recursos disponibles —tratamientos estéticos, dietas de alimentación o ejercicios físicos— para mejorar la apariencia, pero me preocupo y protesto cuando se exagera.

Tania, de 40 años, vino a atenderse, y en la primera consulta explotó:

> Yo sufría una depresión terrible, y creí que si me reducían el tamaño y flacidez de los senos y me sacaban la barriga y el exceso de grasa de las caderas estaría todo solucionado. ¡Pero me engañé! Sufrí como un perro, porque los médicos no cuentan toda

la verdad respecto del dolor que se sufre. Tardé en recuperarme, y ahora estoy más deprimida que antes. Llegué a la conclusión de que mi depresión no tenía nada que ver con la apariencia de mi cuerpo.

Tania es bonita, y no fue fácil imaginarme que los senos, el abdomen y las piernas pudieran hacerla sentir tan fea. Pero yo no estaba allí para discordar o para colocar más peso en la decisión que había tomado. Estaba para escucharla y tratar de ayudarla con su tristeza y con su crisis depresiva. La segunda vez que vino le pregunté:

—¿La depresión que tienes ahora es la misma que tenías antes de hacerte la cirugía para mejorar tu apariencia? ¿Qué necesitas para mejorar tu angustia?

Ella me respondió inmediatamente:

—Preciso invertir en mi identidad. Necesito saber quién soy realmente y para qué sirvo. Necesito fortalecer mis valores internos y elegir lo que voy a hacer con la otra mitad de la vida que posiblemente aún me queda.

En la carrera contra el tiempo la belleza física externa se perderá, aun si recurrimos a las cirugías plásticas.

La única belleza que puede ganar la carrera de la vida contra el tiempo es la belleza interna. Ser bonita por dentro significa conocerse a sí misma, hacerse un autoanálisis adecuado del propio valor y de las cualidades, reconocer el potencial intrínseco y aprobar el significado encontrado. Al agradarse uno mismo, es posible cultivar valores y cualidades del carácter, que serán reconocidos por cualquier cultura y en cualquier época. La belleza externa varía de acuerdo con las creencias, costumbres y cultura, pero una mujer que también cultiva la belleza interior será reconocida en cualquier tiempo.

Más de dos mil años atrás, Pedro, uno de los padres de la Iglesia, casado e incluso conviviendo con la suegra, ya sabía de eso. Y en su primera carta destinada a los judíos dedicó un espacio a las mujeres, para reforzar la importancia de la honestidad y del respeto que debería ser practicado por estas en la relación con su marido. Y aun alertó:

> Que la belleza de ustedes no sea la externa, que consiste en adornos tales como peinados ostentosos, joyas de oro y vestidos lujosos. Que su belleza sea más bien la incorruptible, la que procede de lo íntimo del corazón y consiste en un espíritu suave y apacible. Ésta sí que tiene mucho valor delante de Dios.[59]

También podríamos usar la belleza de las joyas, de los adornos, de las vestimentas y hasta de las cirugías, pero todo eso, sin la belleza interna, será agradable solamente a los ojos. Es efímero y se extingue en cuanto se nota que el interior, por debajo de la piel y de los lindos vestidos, es feo y hace la convivencia difícil.

Hay muchas personas, especialmente mujeres, que se engañan al creer que los cambios externos pueden calmar un corazón afligido, o que pueden traer armonía y paz a los conflictos interiores.

Lamentablemente, muchos profesionales de la medicina, a los que solo les interesa lo financiero, sacan provecho de todo eso, y cada día se ven más médicos que se dedican a cualquier tipo de cirugía plástica y colaboran con el engaño de que los cambios físicos solucionarán las ansiedades, las necesidades y las carencias de una persona. La esperanza es que muchos médicos se nieguen a ese tipo de cosas, aun con el riesgo de perder al paciente. Como dijo Jocelyne Levy Rosenberg, médica psiquiatra:

> El trastorno se puede instalar en cualquier época de la vida en la que la persona se encuentra en situaciones de crisis, y busca, como en la adolescencia, sanar su dolor interno por medio de un pensamiento mágico con una modificación externa [...]

Conozco médicos que se rehusaron a operar a ciertas personas, o les recomendaron tratamientos caros porque se dieron cuenta de que la intervención médica no resolvería el problema y daría inicio a una búsqueda creciente de más modificaciones, sin resolver la preocupación. [60]

Creo que si muchas mujeres recurriesen primeramente a las instancias de mejorar su conocimiento interno, definir su propia identidad y fortalecer su confianza, su valor propio y su potencial específico —para saber quiénes son verdaderamente y lo que pueden hacer— muchos cirujanos plásticos tendrían que buscar otra opción para sobrevivir dentro de la medicina.

El valor de la mujer

Paul Tournier, psicólogo suizo, en su excelente libro sobre las mujeres entendió que ellas, por naturaleza, se relacionan mucho mejor con las personas, consiguen enfrentar mejor los problemas personales —tanto los propios como los de los que están a su alrededor— y son más realistas y más valientes para buscar las soluciones y enfrentar dificultades para resolver esos problemas. Afirma que la mujer busca realizarse en una relación personal y en la conquista de las relaciones personales. Tournier pasó mucho tiempo de su vida tratando de convencer a las mujeres de asumir su propia autonomía, incluyendo la soledad, hasta poder descubrir que para ellas la mayor realización era ser vistas y respetadas como personas y cultivar relaciones profundas. Él concluyó a los 80 años que lo mejor que puede hacerse:

En vez de exhortar a la mujer a aceptar esa soledad, me parece preferible pedirle que nos cure de este mal, que caliente ese glacial mundo de subjetividad y que restituya, a esta sociedad mecanizada, un alma.[61]

Pienso que ya es hora de que nosotras, mujeres, nos neguemos a aceptar los valores que nos fueron impuestos o por hombres insensibles a las necesidades y deseos femeninos o por mujeres que al conquistar la libertad empezaron a imitar el mal comportamiento de los hombres. Simplemente tornarnos mujeres completas e integradas, con la mejor apariencia posible, sí, pero sin dejar de lado el verdadero valor que existe más allá del cuerpo.

El verdadero valor está en el haber recibido internamente el coraje y la confianza para luchar, sin retroceder, por un mundo más amoroso y más respetuoso de la persona en el ámbito social, político, profesional, familiar y religioso. Y para eso solo basta con ser mujer. No para ser usada para la satisfacción y codicia masculina, y sí, para ser reconocida como amiga y compañera en el camino de la realización humana.

En la vida de una mujer que ya tuvo hijos, la mejor hora para rever los valores internos, avalar su propia vida y renunciar a sus creencias y valores torcidos es cuando el nido queda vacío. Entonces aparece el tiempo para una evaluación, para las oportunidades de nuevas inversiones y de nuevos descubrimientos.

A veces alguna depresión puede surgir en ese momento. Pero de la misma forma que llega la menopausia, esa depresión puede ser bienvenida desde el momento en que es asumida con coraje, se enfrenta la nueva fase y existe la disposición para realizar los cambios necesarios.

La depresión masculina

Las estadísticas muestran que el mayor índice de depresión es del sexo femenino, pero según la mayoría de los especialistas, la diferencia solo está en que los hombres tienden más a disfrazar o disimular la depresión. Lo que les falta es coraje para asumir y expresar un poco más sus sentimientos. Son raros los ejemplos, como el gobernador Germano Rigotto,[62] que muy emocionado y casi llorando, declaró públicamente su tristeza frente a la derrota de la reelección al gobierno de la provincia de Río Grande del Sur, en el año 2006. Para la mayoría de los hombres, la tristeza es cosa de mujeres.

Andropausia

La andropausia es vista como un equivalente de la menopausia en la mujer. Pero no es una comparación adecuada, según los urólogos. La menopausia sucede cuando declinan los ovarios y, como consecuencia, se termina el ciclo de reproducción femenina. En el hombre, generalmente después de los 50 años, diminuyen las hormonas llamadas esteroides sexuales, y principalmente diminuye la producción de testosterona. Esa disminución afecta levemente la capacidad reproductiva, porque diminuye la cantidad de espermatozoides fabricados. Sin embargo, el hombre continúa capacitado para la reproducción humana, aun en la edad avanzada. Veamos la comparación que nos ofrece el Dr. J. Ballone:

> Cuando faltan hormonas, la mujer para de menstruar, empieza a resecarse la piel y las mucosas, el cabello queda sin vida, y muchas veces cae; tiene cambios repentinos del humor, depresión y olas de calor, obesidad, flacidez de la piel y de los músculos; empieza a tener dificultad en las relaciones sexuales debido a la sequedad de la vagina, en fin, una serie de síntomas y señales clínicos que surgen visiblemente. Esos cambios (...) en la mujer culminan en la menopausia, la cual puede iniciarse cerca de los 45 años de edad. Pero en el hombre, la andropausia presenta síntomas vagos y variados, desde la pérdida de la musculatura, síntomas depresivos y de desinterés sexual. Esos síntomas aparecen de una forma más tardía, con relación a las mujeres.[63]

Los síntomas depresivos, y aun la depresión, están dentro de las señales de andropausia, pero lo que más colabora para que se presente la depresión son los cambios naturales de la vida, como consecuencia de la falta de hormonas.

Si bien la menopausia trae consecuencias más dramáticas para las mujeres que la andropausia para los hombres, hay áreas en la vida en que los hombres son más afectados emocionalmente que las mujeres. Por ejemplo: la pérdida del empleo o la impotencia sexual.

Los hombres deben enfrentar prácticamente casi todas las dificultades que una mujer enfrenta. La vida también pasa para ellos y sufren pérdidas amorosas, los hijos traen trastornos y muchos cambios, incluso financieros, que por lo general afectan más al sexo masculino; los hijos adolecen, se casan o se tornan independientes; pero lo que más les preocupa es que el cuerpo envejece, las canas asoman, la fuerza física desaparece y la testosterona también; la vida sexual pasa a tener otro ritmo y lo peor es que no siempre el hombre alcanza lo que soñó, o lo que le hubiese gustado hacer en cuanto a su formación y a su vida profesional.

Las frustraciones y decepciones con las que necesitan lidiar en el transcurrir de la vida también son muchas. La diferencia es que el hombre culturalmente recibe la obligación de ser fuerte a cualquier costo. Onete Ramos Santiago,[64] psicóloga y abogada, afirma que los hombres se deprimen tanto como las mujeres. Para ella, la diferencia en las estadísticas entre ambos proviene de que el hombre, en vez de hablar o reconocer que está deprimido, prefiere decir que está cansado, con insomnio o con problemas de memoria. Para la mayoría de la población masculina estar con depresión es cosa de mujeres. Solomon[65] dice que la depresión no es muy diagnosticada entre los hombres porque ellos no se retraen con el desánimo, sino que esconden la tristeza y la apatía mostrando valentía y violencia. Se tornan personas irritables y agresivas y descargan esa agresividad en extraños o con su mujer.

No siempre la violencia es un escudo protector de la depresión, pero hay muchos casos de violencia masculina, tanto verbal como física, y lo que realmente esconden es una profunda melancolía y desesperación.

Lucas es un hombre de 42 años; tiene tres hijos: dos chicas adultas y un joven adolescente. Vino a buscar ayuda después de haber oído el pedido desesperado de su mujer. La queja principal era que tenía momentos de mucha irritabilidad, y que cuando esa irritación se presentaba, ofendía de una manera exagerada a su mujer.

Después de varias consultas, Lucas y yo armamos su historia. Era hijo de un hombre alcohólico y de una madre súper protectora. Siempre que relataba las carencia que tuvo, su semblante reflejaba una tristeza profunda, de tal forma que yo tenía la sensación de que aquel no era el Lucas de siempre. Su padre había estado totalmente ausente, al punto de no recordar nada que sea afectivo, cariñoso o amoroso de su parte.

Cuando llegaba a su casa, el padre o estaba en su habitación y un silencio profundo se cernía sobre la casa, o estaba en algún bar del barrio y solo volvía cuando él y los hermanos ya dormían. Su madre, con sus cuidados exagerados, le provocaba una irritación que nunca pudo demostrar, porque se sentía mal o culpable. ¿Cómo podría irritarse con su madre, que hacía tanto sacrificio y esfuerzo, al coser horas y horas en el día para que él y los hermanos pudiesen estudiar y tener lo que precisaban? Lucas fue desenvolviendo la capacidad de sentir una cosa, *irritación*, y demostrar otra totalmente diferente con su madre, *cariño y contacto físico*.

Un día me dijo exactamente estas palabras que escribo ahora:

> Muchas veces, cuando llegaba de la facultad, me sentaba al lado de mi mamá, le agarraba la mano y le hacía un cariño, pero por dentro estaba con rabia por no poder elegir lo que realmente

quería y que no tenían nada que ver con lo que ella quería. Siempre escogí lo que ella deseaba.

Lo interesante en el relato de Lucas era que la melancolía insistía en presentarse siempre que relataba esos hechos. Él mismo dijo: "Hoy entiendo que cuando iba a la cama, aun siendo niño, lo que me dominaba era una melancolía profunda". En mi sala, yo veía más al Lucas triste y melancólico que al irritado. Lo que más deseaba era librarse de la irritación que lo hacía insultar a su esposa con palabras terribles, un comportamiento totalmente injusto e inmerecido según su punto de vista. Él mismo estaba convencido de que, de alguna manera, la rabia que tenía contra su madre ahora la transfería hacia su mujer y quería encontrar un camino distinto para aquella irritación.

En una de las consultas, Lucas me contó sobre un comportamiento agresivo que tuvo con su esposa. Le pedí que me contase la escena con detalles, y él acordó. Después, con el permiso de Lucas, usé una técnica de la psicología llamada espejo para explicar el comportamiento que tuvo con su mujer.

Cuando logró verse, se entristeció profundamente. Estaba claro para mí y para él que durante la irritación se tornaba agresivo o caía en una tristeza mortal. Lucas no soportaba su lado abatido, y la forma que encontró para no verlo fue enmascararlo con la agresividad. Como psicoterapeuta, me preocupo más en ver la percepción que la persona tiene de sí y cómo reacciona, y lo que quiere hacer con esa percepción, que por nombrar o diagnosticar un descubrimiento o una revelación. Entonces tuvimos la siguiente charla:

—¿Qué piensas que no te permite ver tu tristeza y melancolía?

—Tengo miedo de entrar en una depresión y nunca más salir. Es vergonzoso, ni juego con eso, no puedo ni pensarlo.

—¿Y piensas que siendo agresivo haces que la depresión desaparezca?

—¡No! Pero hago lo que puedo.

—Y al hacer lo que se puede, ¿haces que la depresión desaparezca?

Lucas, pensativo, movió la cabeza y dijo que no.

—¿Y qué sucedería si te permitieres entristecerte?

—Yo no sé... como que nadie más gustaría de mí.

—Pero para las personas ya es muy difícil estar contigo por tu agresividad. Yo no me siento mal al quedarme cerca de ti cuando estás triste.

—Es bueno saber que usted me acepta también cuando estoy deprimido.

—Imagino que para las personas tal vez sea más fácil soportar tu tristeza que tu agresividad...

—Soy yo mismo que no me acepto, y pienso que todos me despreciarán si caigo en una profunda la tristeza.

—Es posible que algunos no te acepten...

—Lo sé. Pero ya me convencí de que necesito aceptar todo lo que es parte de mí, y así controlar mis acciones. No puedo hacerme más mal del que ya me hicieron en el pasado. Puedo estar triste y hasta depresivo, y respetarme cuando esté así. En realidad algunas páginas de mi vida están llenas de tristeza.

Cuando Lucas volvió había pasado una semana, como de costumbre, pero por primera vez se veía deprimido y deseoso de quedarse aislado, concentrado en sí mismo. Pudo expresarle todo eso a su esposa y eso le trajo una sensación de alivio y de libertad. En la medida en que reconocía y hablaba sobre sus sentimientos de tristeza, de irritación y de angustia, mucho menos agresivo era. Lucas continuó con el proceso hasta el punto en que se sintió cómodo con sus sensaciones, sean ellas cuales fueren.

No es solamente detrás de la agresividad que muchos hombres se esconden cuando la tristeza se vuelve insoportable. Algunos, conscientes o no, se refugian en el trabajo excesivo; otros desarrollan enfermedades fisiológicas y otros buscan relaciones sexuales de forma compulsiva, recurren a los vicios o salen a tomar con sus amigos, todas formas de huir de la verdad más íntima en su interior.

Lo peor es que ninguna de esas actitudes los ayuda a resolver las tristezas, preocupaciones y ansiedades, y acarrean otros problemas mucho más graves. O sea, se escapan de una situación buscando otra que la esconda, pero se torna peor que aquella de la cual se huye.

La depresión en el anciano

Tal vez la vejez es la etapa de la vida que tenga más razones para presentar un cuadro depresivo. Pienso que la primera razón es la falta de preparación para el envejecimiento.

En vez de prepararnos para la vejez, nos negamos a envejecer y vivimos como si la juventud fuese eterna. Hacemos de todo para tapar los trazos de la vejez. Siempre se busca la forma de parecer más joven, con menos edad. Los cambios estéticos con cirugías plásticas y el uso de cosméticos van mucho más allá de los cuidados normales y naturales que se deben tener con el cuerpo. Usar ropas definidas y determinadas para las adolescentes —que están en una fase natural y saludable de la rebeldía—, en una persona que ya está en la etapa de los 40, indica una forma inadecuada de vestir el cuerpo. Hasta la palabra *vejez* es evitada, es mejor decir: la tercera edad, los mejores años, y otros sinónimos que intentan disminuir el peso de la vejez.

La preparación para envejecer debe empezar desde la más tierna edad, al aprender a considerar y respetar a los ancianos de la propia casa, colaborar con ellos en relación con sus limitaciones físicas y aprovechar lo que tienen para dejarles a los jóvenes y a los de menos edad: ventajas cognitivas y la llamaban experiencias de la vida.

Lo natural sería que la vejez y la infancia se llevasen bien. Los abuelos tienen mil historias para contar, y los nietos y bisnietos adoran oírlas. Los pequeños también sienten placer en ayudar a los abuelos y bisabuelos en las actividades que son más difíciles para su edad.

La falta de preparación para envejecer colabora para que la vejez sea una fase insoportable de rezongos y murmuraciones. La verdad es que a los 25 años se da el puntapié inicial hacia el envejecer biológico. Lamentablemente, muchos creen que el proceso de vejez empieza a los 50 o 60 años; hacen planes para cuando llegue esa edad, y también empiezan a preocuparse por tener una buena vejez. Nos olvidamos, que la vejez no es nada más que una continuación de la vida.

—¡Mi padre está insoportable! —me dijo una mujer de 45 años.

—¿Qué ocurre? —le pregunté.

—Está muy agresivo y violento. Insulta a todos los que lo rodean, nunca agradece; es agotador cuidarlo o estar cerca de él.

Le pregunté cuánto tiempo hacía que empezó a ser así; ella pensó y respondió:

—Creo que siempre fue así, pero ahora está peor.

Esa es la realidad de la mayoría de las personas que se vuelven insoportables en la vejez. Fueron insoportables toda la vida. Uno puede sentirse triste, lamentarse y aun así no ser tan desagradable y pesado para los que están a su alrededor. La vejez provocará situaciones que acentúan lo que la persona siempre fue. Y son esas situaciones las que también pueden provocar una tristeza profunda y depresiva.

Bárbara vivió la primera depresión del envejecimiento cuando notó que muchas personas no utilizaban su nombre. Ahora era "la abuela". Recordaba que cuando era joven todos la llamaban por su nombre. Pero ahora, pocas veces, o casi nunca, lo oía. Pasó a ser apenas "abue" o abuela. Eso ocurría en las reuniones de familia, en el supermercado y en casi todos los lugares. Donna Swanson, citada por Ashley Montagu,[66] expresa muy bien en su poema la realidad de envejecer.

Dios,
mis manos están viejas.
Nunca dije eso en voz alta.
Pero lo están.
Antes sentía tanto orgullo de ellas.
Eran suaves,
suaves como el terciopelo
de un durazno
firme y maduro.
Su suavidad ahora es como la de sábanas viejas
o la de hojas marchitadas.
¿Cuándo fue que manos suaves y graciosas
como aquellas
se volvieron estas garras
encogidas y torcidas?
¿Cuándo, Dios?
¡Aquí reposan en mi regazo
recuerdos vivos de este desgastado
cuerpo que me era tan útil!
¿Cuánto tiempo hace desde la última vez
que alguien me tocó?
¿Veinte años?
Hace veinte años que soy viuda.
Respetada.
Objeto de sonrisas.
Pero nunca tocada.
Nunca apretada bien de cerca para que la soledad
desaparezca.
Recuerdo la forma en que mamá me solía sostener.

Dios.
Cuando mi carne o mi espíritu dolían
ella me ponía bien cerquita de sí,
acariciaba mi cabello sedoso,
y me acariciaba la espalda con el calor de sus manos.
¡Oh, Dios! ¡Estoy tan sola!
Recuerdo al primer muchacho que me besó.
Los dos éramos tan inexpertos,
el sabor de labios jóvenes y de rosquitas.
Una sensación íntima de misterios que llegaban.
Recuerdo a Hank y a los bebés.
¿De qué otra manera podría acordarme de ellos sino juntos?
De arrojadas y ávidas tentativas de
jóvenes amantes fue que vinieron los bebés.
Y, a medida que crecían, crecía nuestro amor.
Y Dios, a Hank parecía que no le importaba
que mi cuerpo hubiese perdido un poco de su brillo
y elasticidad.
Aun así, él lo amaba y lo tocaba,
y no nos importaba que ya no fuéramos tan lindos.
Y los niños me abrazaban tanto.
¡Oh Dios! Estoy solita.
Dios, ¿por qué no criamos a nuestros niños para ser
bobos y afectuosos así como dignos y decentes?
¿Sabes?, ellos hacen lo que deben,
conducen sus bellos autos,
vienen hasta mi cuarto en señal de respeto.
Sus charlas son animadas, se acuerdan de mí
pero no me tocan.
Me llaman "Madre", "Mami" o "Abuela"
Minnie, ¡jamás!
Mi madre me llamaba Minnie.
Mis amigos también.

Hank me llamaba Minnie también.
Pero ellos ya se fueron.
Como Minnie ya se fue.
Y solo quedó la Abuela,
¡Dios!
Y qué solita está.

La lista de hechos y comportamientos que contribuyen para una posible depresión en los ancianos es extensa. Michael Thase, médico y profesor, hizo una lista de algunos que podemos confirmar a nuestro alrededor:

- Limitaciones financieras
- Habitar en lugares con malas condiciones
- Aislamiento social y soledad
- Problemas de visión, audición y movilidad
- Problemas de comunicación en la familia
- Luto por la pérdida del cónyuge y de otros seres queridos
- Responsabilidad de cuidar de alguien
- Convivir con enfermedades, dolores y deficiencias crónicas[67]

Aparte de eso, hay varias enfermedades propias de los ancianos, que están asociadas a la depresión, como el mal de Alzheimer, mal de Parkinson, esclerosis múltiple, diabetes, demencia, ataques cardíacos, derrames, deficiencia de vitamina B 12 y también necesitamos considerar las cirugías y las internaciones que son más frecuentes a medida que los años avanzan. Estar internado o pasar por alguna intervención médica expone a la persona al contacto con la fragilidad de la vida, trayendo una sensación de inseguridad, sentimientos de aprensión miedo y tristeza. Muchas de las operaciones, son por transplantes o para extraer algún órgano o una parte de el. Aún sabiendo que extirpar una parte enferma del cuerpo o transplantar algún órgano, es para bien, existe la realidad de que esa parte se fue, y que la vida terrenal es finita.

Es perfectamente normal y saludable que haya tristeza por aquello que ya se fue y que no se puede tener más. La vida está llena de pequeñas despedidas, y tenemos que aprender a despedirnos de lo que ya se fue.

Claudio fue traído por su hijo a la psicoterapia. A los 75 años, ya había perdido la visión de un ojo y podía perder la visión del otro. Se esforzaba para mostrar que todavía veía y negaba el dolor de haber perdido la función de un órgano de los sentidos. Cuando le dije que podía llorar y sentirse triste por haber perdido la visión, rezongó:

—¿Cree que me voy a entregar? ¡De ninguna manera!

Sin embargo, Claudio estaba cada vez más inhibido y desanimado, indiferente a lo que ocurría a su alrededor.

Dejaba de usar y aprovechar los otros sentidos al negarse a entristecerse porque uno de ellos ya no funcionaba más. Usaba toda la energía en el esfuerzo por demostrar que estaba todo bien.

Cuando Claudio entendió que podía darle lugar a la tristeza por perder la visión, entró en un período de depresión. Quedó totalmente ciego, pero con la medicación y la psicoterapia superó la depresión y se dispuso a hacer uso del tacto, de la audición, del olfato y del paladar, para explorar el mundo a su alrededor. Se sorprendió cuando notó que reconocía a cada uno de los niños, nietos y bisnietos sin que hablasen, apenas por tocarles la piel y sentir el olor específico de cada uno de ellos. Los niños adoraban jugar con él y llegaban en silencio, esperando que errase sus nombres. Pero nunca erró. También descubrió que era capaz de disfrutar más de los alimentos y los nombraba después de saborearlos y sentirlos en su paladar. En fin, después de que Claudio se despidió con dolor de lo que había perdido, fue cuando pudo aprovechar con más intensidad lo que aún estaba a su disposición.

En la vida tenemos que aprender desde temprano a despedirnos de aquello con lo que no podemos contar más. Y con la juventud es lo mismo. Si sabemos decirle adiós a esos años, sabremos disfrutar mejor de la edad que tenemos.

Howard Hendricks,[68] escritor y consejero, clasifica la edad en tres aspectos: la cronológica, la física y la psicológica. Con la edad cronológica no podemos hacer nada, el tiempo pasa y no podemos detenerlo. Podemos aprovecharlo lo mejor posible, pero no podremos impedir que pase. Lo que pasó, pasó, y nunca más volverá.

Con la edad fisiológica, hay una parte en que podemos contribuir, cooperando para que la vejez se retarde un poco o por lo menos, para tener un cuerpo más saludable en los últimos años de vida. Podemos contribuir con un buen hábito en la alimentación, darle el debido cuidado, descanso y distracción al cuerpo, y tener una disciplina diaria para practicar actividades físicas e intelectuales.

Pero todo eso es solamente una ayuda, porque más tarde o más temprano, el cuerpo físico se tendrá que rendir a la edad fisiológica.

En lo que respecta a la edad psicológica, podemos hacer mucho. Desde jóvenes ya podemos comprender de quienes somos realmente, al conocer verdaderamente nuestros sentimientos y nuestras intenciones íntimas. Una de mis mayores alegrías es cuando alguien que es muy joven viene a la psicoterapia y, de alguna manera busca crecer por medio del autoconocimiento.

En esas personas veo la posibilidad de vivir mejor y de ser más integradas consigo mismas, lo que ayuda también a los que los rodean a vivir plenamente. En la vejez podrán lidiar mejor con las crisis depresivas, porque aprenderán a sacar provecho de las tristezas y de las pérdidas, que son muy frecuentes en los ancianos.

Infelizmente, los jóvenes viven como si la vejez nunca fuese a llegar, y pasan por la vida simplemente gastando mucha energía en actividades y costumbres y atendiendo a deseos e instintos de una forma exagerada, lo que muchas veces les ofrece gran placer momentáneo, pero cuesta un precio muy alto en el futuro.

Lo bueno de la edad emocional, es que nunca es tarde para retomarla aunque esté estacionada, y se puede dar continuidad al crecimiento para que llegue lo más cerca posible de la edad cronológica. Aun para aquellos que ya están en la llamada tercera edad y no se dieron cuenta antes de la importancia de considerar las emociones y lo que sienten de verdad todavía hay tiempo, y podrán buscar ayuda al abrir el corazón y conocer un lado de sí mismos, que tal vez nunca habían descubierto antes. Otros ya miraron dentro de sí y supieron como se sentían, pero perdieron su ser interior en algún lugar con los acontecimientos de la vida.

Para Henry Nouwen,[69] el que pierde su ser interior no tiene más motivos para vivir. Para él, la pérdida del ser es lo más visible en aquellos cuya identidad fue absorbida por lo que ya pasó y no es parte del presente de esa persona.

Talía tenía 65 años cuando llamó para acordar la primera consulta. Era una mujer bonita para su edad, delicada y educada, pero estaba muy deprimida; sentía que la vida ya no tenía valor y reclamaba no tener más identidad y que en su casa nadie hacía nada por ella. Sentía que todos solo querían sacarle algo, pero nadie la cuidaba. Vivió bajo el dominio del esposo, que no le dio mucha libertad y le exigió que hiciese todo para su propia satisfacción. Desde elegir un canal de televisión, hasta la compra de la casa, todo tenía que pasar por su aprobación. Talía había elegido poquísimas cosas en su vida, y ahora se daba cuenta de que vivía la vida del marido y la de los hijos solteros que todavía vivían en su casa y que también le exigían que se amoldase a sus necesidades.

—Nada de lo que hago es porque me guste. Todo lo que hago es porque alguien de mi casa quiere. Es como si viviese al margen de la vida de ellos.

Le pregunté:

—¿Qué es lo que le gusta y quiere hacer que no hace?

Fue entonces que Talía se dio cuenta de que ni siquiera sabía lo que le gustaba. Nunca había prestado atención a sí misma. Nunca había tenido en cuenta los verdaderos deseos de su corazón. Al pensar y mirar un poco, descubrió que había muchas cosas que no le gustaban. Pero también descubrió que podía decir no a un montón de exigencias del marido, de los hijos, de los nietos, de los amigos; y que aún podía hacer cosas para ella misma, como ir al cine, hacer un curso de bisutería, plantar en el jardín de su casa de campo, ir a la reunión del grupo de mujeres de la iglesia y hacer pequeños viajes.

A los familiares les pareció raro y empezaron a decir que se volvía egoísta, que después de vieja solo pensaba en ella. Pero les contó lo que ocurría y les aclaró que, de ahí en delante, todo sería distinto. Que los amaba, que iba a hacer lo mejor por ellos, pero que también cuidaría de sí misma y que no pondría más la culpa en ninguno de los demás por aquellas cosas que podía hacer sola y no hacía. En fin, que iba a suplir sus propias necesidades y exigirles menos.

Talía perdió tiempo y sabía que no tenía toda una vida por delante. Pero no permitió que la tristeza por el tiempo perdido fuese un impedimento para aprovechar lo que aún le restaba.

Un día me trajo una oración que quería que fuese la oración de ella también:

Estoy envejeciendo

Señor, sabes mejor que yo que estoy envejeciendo,
y que un día más o un día menos,
seré parte de los viejos.
Guárdame de aquella manía fatal
de creer que es mi deber decir algo respecto de todo
y de cualquier situación.

Líbrame del deseo obsesivo
de poner orden en los negocios de los otros.
Hazme reflexiva, pero no testaruda, servicial,
ni autoritaria.
Me parece una pena no utilizar toda la inmensa reserva
de sabiduría que acumulé por tantos años
Pero bien sabes, Señor...
es importante conservar algunos amigos.
Detenme, cuando empiece a contar detalles que no se
terminan más,
dame alas para que cuente directamente el final.
Sella mis labios de mis lamentos y enfermedades,
aunque ellas aumenten sin cesar
y al pasar los años
sienta un cierto placer en contarlas.
No me atrevo a pedirte
que a mí me guste oír a las otras
cuando empiecen con sus mismos rollos
pero ayúdame a soportarlas con paciencia.
No me animo a pedirte una buena memoria,
pero sí una creciente humildad
y menos susceptibilidad
cuando mi memoria no coincida con la de los otros.
Enséñame la gloriosa lección
de que yo puedo estar engañada...

Cuida de mí.
No porque yo tenga tantas ganas de ser una santa
(¡Junto a algunos santos es tan difícil vivir!)
Porque un viejo, aparte de viejo, amargo,
con seguridad es una suprema invención del diablo.
Hazme capaz de ver algo bueno
donde menos se espera,

y de reconocer talentos
en la gente, donde nadie los percibe
y dame gracia para proclamarlo.
¡Amén![70]

Para muchos, el envejecer es sinónimo de una vida improductiva. Vivimos en una sociedad competitiva donde el que hace más, vale más. Y en ese capitalismo, en que no importa cuáles serán los medios para alcanzar los fines, el valor de la persona fue reducido a lo que produce.

Nouwen, sin embargo, nos habla de una vida fértil. Para fructificar es necesario que haya fertilización. No hay frutos donde la tierra no es fértil. Para mí, esa es una de las posibilidades de ser alegres y felices en la vejez. Con seguridad que cuanto más envejecemos, menos produciremos. Pero cuando la edad avanza, es mayor la posibilidad de fertilizar el corazón y la vida de aquellos que pasan por nuestra vida, aun cuando nuestro cuerpo físico no sea capaz de producir nada más.

Mientras que el producir exige vigor físico, agilidad mental y practicidad, para fertilizar solo es necesario estar vivo. Es posible ser fértil hasta el fin de nuestros días. Para ser fértil, simplemente se necesita estar presente. Puede ser un toque, una mirada, un guiñar de ojos, una lágrima, una respiración profunda, un palpitar del corazón, el calor de la piel o una palabra bondadosa para que la semilla quede plantada en el corazón de alguien, de tal manera que germine, nazca y fructifique en la vida de aquella persona. De manera que aunque su cuerpo esté deshecho, es posible permanecer vivo e influenciar una relación humana hasta después de la muerte. Lo que producimos puede desaparecer con una quiebra, con una crisis económica, con una mala administración o con un robo. Pero lo que fertilizamos no hay forma de que desaparezca. ¡Es una herencia que dejamos para siempre!

Él que no quiere envejecer sólo tiene una alternativa: morir.

Pienso que es mejor vivir y sacar provecho de lo que todavía tenemos.

Quiero terminar este asunto ofreciéndoles una oración que hice un día que estaba en un íntimo contacto con el envejecer, en agosto de 2002:

¡Envejecer!

¡Padre, estoy agradecida por lo que has hecho en mi vida!
He visto a personas ser curadas;
a otras volverse más verdaderas;
a otras tornarse más humanas y más mansas;
a otras restablecer sus relaciones
y aun a otras encontrarse consigo mismas y
asumir su propia historia.
En fin, ¡Señor, eres demasiado bueno y fiel!
Señor, eres milagroso.
Pero… odio ver mi cuerpo envejecer.
No quiero ver mis arrugas.
Me parece muy injusto no poder comer todo lo que deseo
porque me cambió el metabolismo y necesito comer menos…
(Carla Avesani, doctora nutricionista, me informó que necesito sola-
mente un tercio de la cantidad que consumía cuando tenía 20 años)
¡Si no voy a parecer una ballena!
Me siento deprimida cuando quiero hacer alguna cosa y no tengo
energía física.
Es horrible darme cuenta de que mi memoria ya no es la misma:
me olvido los nombres, quiero hablar de determinados temas que
conozco y tardan en venir a la memoria.
¡Me estoy quedando sorda! Pido que me repitan lo que todos ya
entendieron.
Abomino las gorduritas localizadas.

Y odio más aun, la flacidez de los músculos,
y no estoy peor porque hago caminatas y me ejercito.
Y lo peor es que me siento una niña... y en ese sentir,
¡quiero hacer un montón de cosas pero el cuerpo no me obedece!...
Bien, ¡siento un poco de vergüenza!
Pero al final,
¡solo envejece el que vivió la juventud y sigue vivo!
Puedo ver el cuidado misterioso del Padre amado.
Al final, su presencia es real en mi vida.
Ha restaurado mi capacidad de sentir...
Hoy vivo mejor que cuando era joven;
tengo más que suficiente para suplir mis deseos;
me siento más libre que cuando era una niña,
también tengo más amor;
tengo más personas que se preocupan conmigo ahora que cuando
era joven.
No le doy tanta importancia a las cosas pasajeras.
Tengo más tiempo para el contacto de piel con piel.
¡Hago lo que me gusta!
¡No tengo más vergüenza de quien soy!
¡No tengo tanto miedo de la vida y de las personas!
¡Siento mucho placer en vivir!
Soy más completa en todo lo que hago.
Aprendí a ser más mansa,
más dócil,
más amorosa
¡Y más sincera!
¿Qué más puedo desear?
Descubrí que algunas cosas son maravillosas
pero solo tienen sentido después de los 50
y yo tengo 55.
¡El Señor siempre cuidó, cuida y cuidará de mí!
¡No necesito sentir miedo de la vejez!

No necesito sentir miedo de depender de otros;
no necesito sentir miedo de que me abandonen los más jóvenes;
porque el Señor siempre estará presente...
Entonces quiero disponer toda la salud y toda la energía que aún tengo para servir a aquellos que están a mi alrededor y que lo deseen...
¡Gracias mi Padre!
¡Un beso! ¡Yo te amo!

La depresión
en La Biblia

Me gusta decir que Jesús es el mayor terapeuta de todos los tiempos. Durante su vida terrena Él curó a los enfermos, le dio vista a los ciegos, libertó a los oprimidos por espíritus malignos y, principalmente, libertó los oprimidos del alma, al decir: *"La paz les dejo; mi paz les doy. Yo no se la doy a ustedes como la da el mundo. No se angustien ni se acobarden"*. [71]

La Biblia nos presenta una filosofía sistemática respecto del hombre y ofrece una evaluación de la naturaleza humana y sus relaciones de lo más variadas. Un estudio referente a Las Escrituras ciertamente nos llevará al reconocimiento de un sistema bien definido de psicología, sobre el cual está basado todo el proyecto de la redención.

Cuántas veces oí a personas declarar, cuando yo les hablaba de mi creencia en que Dios es alguien que tiene un interés especial por el ser humano y que desea la mejor vida posible: "Si Dios es lo que usted dice, yo quiero a ese Dios".

Si pudiésemos absorber la extensión terapéutica que muchos relatos de La Biblia poseen, millones de personas experimentarían una vida cristiana más abundante y plena. Pero muchos, aparte de no conseguir tomar todo el bien que dispone la fe cristiana, todavía tuercen La Palabra, y traen más culpa y más peso en las personas que son frágiles y sufren.

Hacen exactamente lo que Cristo condenó cuando se refería a los religiosos de la época, que eran intransigentes y rígidos con los fieles: *"Atan cargas pesadas y las ponen sobre la espalda de los demás, pero ellos mismos no están dispuestos a mover ni un dedo para levantarlas"*.[72]

El estrés, el cansancio, el miedo, la tristeza, el autoconcepto distorsionado y otras grandes verdades respecto de la naturaleza humana fueron aceptados por La Biblia. Estas situaciones son presentadas y descriptas en un lenguaje común, y no fueron negadas en la vida de los personajes bíblicos.

En La Biblia, el hombre se muestra como un ser creado a imagen y semejanza de Dios, pero también como uno que cayó y necesita ser restaurado y renovado, y esto incluye su alma, o, mejor dicho, sus emociones.

Para mí, aparte de la orientación espiritual y de mostrarnos a Cristo como el único medio para la redención, La Biblia también nos relata ejemplos de hombres y mujeres sin esconder sus emociones. Pienso que La Biblia nos señala el camino para un futuro después de la muerte, pero también nos muestra los recursos para nuestra vida diaria, aquí y ahora. En toda la conducta de Cristo noto cuánto le importaba el bienestar de las personas, aquí en la Tierra. Entonces estoy convencida de que ante las depresiones —profundas, leves, crónicas, agudas, pasajeras o prolongadas— Dios se interesa en caminar con la persona que sufre le da amparo y restaura a los de poco o ningún ánimo. Eso es lo que vamos a ver en este capítulo, con algunos casos bíblicos de depresión.

La historia de Job

Uno de los ejemplos bíblicos de depresión es el de Job, que pierde sus bienes materiales y a los hijos de una manera repentina y accidental. Como si eso no bastase, se enferma con tumores externos en todo el cuerpo.[73] Job sucumbe emocionalmente delante de tantas pérdidas y dolores. Para él la vida había perdido su encanto no conseguía alimentarse, lloraba mucho, lamentaba profundamente haber nacido y maldecía el día que había nacido. Su sufrimiento era tanto que sus amigos fueron a visitarlo y estuvieron siete días en silencio.

En el capítulo 3 del libro de Job nos vamos a encontrar con varios síntomas de la depresión que mostró este personaje:

Después de esto, Job rompió el silencio para maldecir el día en que había nacido. Dijo así:

«Que perezca el día en que fui concebido y la noche en que se anunció: "¡Ha nacido un niño!". Que ese día se vuelva oscuridad; que Dios en lo alto no lo tome en cuenta; que no brille en él ninguna luz. Que las tinieblas y las más pesadas sombras vuelvan a reclamarlo; que una nube lo cubra con su sombra; que la oscuridad domine su esplendor. Que densas tinieblas caigan sobre esa noche; que no sea contada entre los días del año, ni registrada en ninguno de los meses. Que permanezca estéril esa noche; que no haya en ella gritos de alegría. Que maldigan ese día los que profieren maldiciones, los expertos en provocar a Leviatán. Que se oscurezcan sus estrellas matutinas; que en vano esperen la luz del día, y que no vean los primeros rayos de la aurora. Pues no cerró el vientre de mi madre ni evitó que mis ojos vieran tanta miseria.

»¿Por qué no perecí al momento de nacer? ¿Por qué no morí cuando salí del vientre? ¿Por qué hubo rodillas que me recibieran, y pechos que me amamantaran? Ahora estaría yo descansando en paz; estaría durmiendo tranquilo entre reyes y consejeros de este mundo, que se construyeron monumentos hoy en ruinas; entre gobernantes que poseyeron mucho oro y que llenaron de plata sus mansiones.

¿Por qué no me enterraron como a un abortivo, como a esos niños que jamás vieron la luz? ¡Allí cesa el afán de los malvados! ¡Allí descansan las víctimas de la opresión! También los cautivos disfrutan del reposo, pues ya no escuchan los gritos del capataz. Allí el pequeño se codea con el grande, y el esclavo se libera de su amo.

»*¿Por qué permite Dios que los sufridos vean la luz? ¿Por qué se les da vida a los amargados? Anhelan éstos una muerte que no llega, aunque la buscan más que a tesoro escondido; ¡se llenarían de gran regocijo, se alegrarían si llegaran al sepulcro!*

¿Por qué arrincona Dios al hombre que desconoce su destino? Antes que el pan, me llegan los suspiros; mis gemidos se derraman como el agua. Lo que más temía, me sobrevino; lo que más me asustaba, me sucedió. No encuentro paz ni sosiego; no hallo reposo, sino sólo agitación».

Job es visto como un ejemplo de paciencia, ¡y lo es realmente! Porque ser paciente no significa sonreír cuando tengo una aflicción en el alma, en el corazón y en el cuerpo. En el texto que leímos aquí, Job derrama todo su lamento y sus sentimientos, al revelar el dolor profundo que lo envolvía después de todo lo que había perdido. No mide las palabras y abre su corazón sin reparos.

Observe cuántos síntomas hay en el relato de Job ante la magnitud del dolor por tantas pérdidas, con los que hoy en día sería diagnosticado como alguien con una profunda depresión, severa o grave:

- Él maldice el día de su nacimiento
- Lamenta estar vivo y desea la muerte
- Lamenta que hubiesen existido personas que lo cuidaron y pechos que lo amamantaron
- Prefería haber sido abortado
- Agoniza y desea la muerte, y la muerte no llega
- Se siente amargado y miserable
- Se siente preso y acorralado
- Suspira en vez de comer
- Llora desconsoladamente
- Está afligido, atribulado e inquieto

Los tres amigos de Job, Elifaz, Bildad y Zofar, no soportaron su discurso y trataron de convencerlo de que no debía hablar de esa manera.

Se habían quedado en silencio durante una semana, y así debían haber continuado. La primera semana tuvieron empatía, y después fueron inconvenientes. Dijeron lo que no debían haber dicho en aquel momento. Si había una cosa que Job no precisaba en ese momento, era oír discursos. Muchos de nosotros somos así. No aguantamos el lamento de un amigo, de un pariente o de una persona cercana. Y nos parece bonito cuando alguien que tiene todos los motivos para llorar, se pone a consolar a los que están a su alrededor, en vez de envolverse con la prueba y lamentar su desgracia.

Job estaba encerrado en sí mismo. De manera que expresó con sus palabras todo el dolor que le oprimía el corazón. Y todavía tuvo fuerzas para decirle a sus amigos lo insensibles que eran. Vean lo que responde a sus amigos después de lo que ellos le habían dicho:

> *¿Hasta cuándo van a estar atormentándome y aplastándome con sus palabras? Una y otra vez me hacen reproches; descaradamente me atacan.*
> *Aun si fuera verdad que me he desviado, mis errores son asunto mío.*[74]

Job les deja bien claro que no ayudaban en nada. La verdad es que aumentaban el sufrimiento, que ya era insoportable. Continúa y relata los hechos que le sucedieron en los últimos tiempos, y les dice que se sentía solo y desamparado. Todos se habían ido: los hermanos, los conocidos, los parientes, los huéspedes, los empleados, los extranjeros y los niños, los amigos más próximos y hasta su mujer. Y con un clamor que pareció salir de lo profundo del corazón, pide a los amigos: "*¡Compadézcanse de mí, amigos míos;*

compadézcanse, que la mano de Dios me ha golpeado!".[75] Pero ni aun así fue atendido. Y él insiste: *"Escuchen atentamente mis palabras; concédanme este consuelo."* [76]

Sin embargo, siempre hay alguien que puede oír con atención y coherencia a un corazón oprimido. En el caso de Job, fue un joven llamado Eliú quién lo hizo, en el momento justo y sin el tormento, que ya era demasiado en la vida de Job. Se pone en su lugar, al decir: *"Ante Dios, tú y yo somos iguales; también yo fui tomado de la tierra. No debieras alarmarte ni temerme, ni debiera pesar mi mano sobre ti."*[77]

Cuando Dios se manifiesta a Job, le deja bien clara su indignación contra los tres amigos inconvenientes, al pedirles que ofrezcan sacrificios para redimirse por tanta insensatez, y Job intercede por ellos. Dios no se ofende con su lamento ni con sus interrogantes y se presenta para revelarle toda su grandeza y omnipotencia. Dios se indigna con la desubicación de Elifaz y sus dos amigos y todavía los compara con Job: *"Estoy muy irritado contigo y con tus dos amigos porque, a diferencia de mi siervo Job, lo que ustedes han dicho de mí no es verdad."*[78] Dios siempre está pronto a socorrernos cuando nos sentimos angustiados por haber vivido pérdidas e infortunios que nos atribulan. Cuando Dios se encuentra con Job, lo cuestiona y le hace pensar y reflexionar sobre la pequeñez del hombre y la omnisciencia divina. Ese contacto con Dios cambia totalmente la visión y la experiencia que Job tenía del Divino, a tal punto que declara, antes de haber recuperado lo que había perdido: *"De oídas había oído hablar de ti, pero ahora te veo con mis propios ojos."* [79]

El impacto que causa la presencia divina que confronta pero que al mismo tiempo es tierna y respetuosa, cautiva nuevamente a Job lo saca de su agonía y desaliento, y le hace lamentar sentirse tan postrado.

La historia de Moisés

Moisés es un ejemplo de una crisis depresiva o de una depresión leve. Todo muestra que no era una persona depresiva. Presentar algunos síntomas de depresión no significa necesariamente tener depresión, pero en el caso de Moisés la ardua tarea de conducir al pueblo por el desierto lo llevó a experimentar momentos depresivos. La situación, por sí misma, era tensa y preocupante.

Había salido de Egipto con un grupo de seiscientos mil hombres, además de las mujeres y los niños. Llevaban ovejas, cabras aves y otros animales. La tensión era inmensa. Y aun después de haber ocurrido el milagro del maná, el pueblo estaba insatisfecho y ansioso por comer carne. Moisés escuchaba los lamentos y el lloro de las familias que hacían fila a la entrada de su tienda, reclamando y murmurando que Egipto era mejor, porque allá había carne. Moisés sucumbió ante tanta presión. Al verse impotente, solo, acusado injustamente, comenzó con un discurso de autocompasión y deseó morirse.

Observe los síntomas de depresión en la reacción y en la oración de Moisés:

- Él se ve impotente y pregunta: *"Todo este pueblo viene llorando a pedirme carne. ¿De dónde voy a sacarla?"*[80]
- Se siente solo: *"Yo solo no puedo con todo este pueblo. ¡Es una carga demasiado pesada para mí!"*[81]
- Presenta un discurso de autocompasión, y le pregunta a Dios: *"Si yo soy tu siervo, ¿por qué me perjudicas? ¿Por qué me niegas tu favor y me obligas a cargar con todo este pueblo?"*[82]
- Siente que no hay justicia: *"¿Acaso yo lo concebí, o lo di a luz, para que me exijas que lo lleve en mi regazo, como si fuera su nodriza, y lo lleve hasta la tierra que les prometiste a sus antepasados?"*[83]

- Y le pide la muerte: *Si éste es el trato que vas a darme, ¡me harás un favor si me quitas la vida! ¡Así me veré libre de mi desgracia!* [84]

Dios escucha las quejas de Moisés y no lo condena por eso. Reconoce que el trabajo de conducir a un pueblo es arduo y le pide que reúna a setenta hombres que puedan de ser líderes entre el pueblo para ser capacitados por el propio Dios para que lo ayuden. Aparte de eso, Dios le promete proveerle carne para que el pueblo no se queje tanto. No necesitamos culparnos cuando una tarea o responsabilidad es demasiado pesada. Podemos hacer como Moisés, decir la verdad. Al expresar lo que sentimos siempre tendremos una oportunidad de que alguien nos pueda ayudar a llevar el peso de la carga en aquel momento.

La historia de David

Hay algunos autores del libro de Salmos que sacaron provecho de los momentos depresivos haciendo poesías o música. Un ejemplo de eso es el Salmo 42, donde está relatada la aflicción del alma que llora y no puede calmarse ni de día ni de noche. ¡Y para cuántos de nosotros cuando nos encontramos en profunda angustia este salmo fue un consuelo!, principalmente porque descubrimos que no somos los únicos que padecemos tristeza y aflicción. David también sintió profunda tristeza, aflicción, inapetencia, miedo, angustia y desánimo. Él fue el segundo rey de Israel. Era el benjamín de ocho hermanos, hijos de Isaí, un hombre de campo. Fue elegido rey siendo aún muy joven. La Biblia no detalla exactamente cómo David era tratado por su padre. Pero cuando el profeta Samuel vino para ungir a uno de los hijos de Isaí como rey de Israel, David estaba cuidando las ovejas. Isaí le presentó a los otros siete hijos a Samuel, que vio que el elegido no era ninguno de ellos. Es importante resaltar que fue Samuel quien le preguntó a Isaí si tenía algún hijo más. Él le dijo que quedaba uno, pero le puso una excusa por la ausencia de David. Samuel ordenó llamar al joven y les dejó bien claro que la comida solo sería servida cuando él estuviese presente. No sabemos si Isaí tenía una preferencia especial por David por ser el benjamín o si desconfiaba porque era muy joven aún.

Cuando David fue a enfrentar a Goliat, del ejército de los filisteos, el gigante se burló porque todavía era muy joven. Eliab se enojó mucho con David al encontrarse en el campo de batalla, y lo atacó con críticas y acusaciones. David era muy joven. En los días actuales sería un adolescente. Con eso podemos deducir que no era valorizado ni reconocido. Nadie creía en él, ni siquiera su padre le daba mucha importancia y pensó que no sería el indicado para ser ungido rey.

Cuando trato de ponerme en el lugar de David, puedo imaginarme todos los pensamientos que pasarían por su mente mientras pastoreaba las ovejas. Estudiosos de la vida de David concluyeron que mientras pastoreaba las ovejas desarrolló fuerza y coraje al defenderlas de los lobos y de los leones, pero también aprendió a ser tierno, cuidadoso y sensible, probablemente por medio de la música, mientras tocaba su arpa en el campo.

Los salmos bíblicos registran y reconocen los sentimientos de miedo, y siempre nos invitan a ejercitar la fe en el momento de temor. ¡No temas! Es una de las frases más usada en Las Escrituras. David, cuando aún no había sido elegido rey, fue preso por sus enemigos y tuvo mucho miedo, pero declaró: *"Cuando siento miedo, pongo en ti mi confianza"*.[85]

Cuando evaluamos el contenido de las poesías y cánticos de David, que después fueron parte del canon sagrado en el libro de Salmos, vamos a notar como varían sus sentimientos. Hay momentos en que David explota de alegría y danza en la calle y entre el pueblo, en otros se hunde en la tristeza, y pierde el ánimo y el apetito. Es muy probable que David haya tenido varios momentos de depresión en su vida. Y creo que en realidad empezaron en la adolescencia, mientras estaba en el campo cuidando las ovejas. También creo que fue en uno de esos momentos que compuso el Salmo 23, al comparar el cuidado de Dios con el cuidado de un pastor a sus ovejas. David registra todo lo que siente.

Con la imaginación hasta puedo verlo escribir sus poemas en los momentos de soledad y de aislamiento; después de situaciones de persecución, de falta de consideración y reconocimiento justo, expresa todo eso tocando su arpa:

> *Tenme compasión, Señor, que estoy angustiado;*
> *el dolor está acabando con mis ojos,*
> *con mi alma, ¡con mi cuerpo!*
> *La vida se me va en angustias,*
> *y los años en lamentos;*
> *la tristeza está acabando con mis fuerzas,*
> *y mis huesos se van debilitando.*
> *Por causa de todos mis enemigos,*
> *soy el hazmerreír de mis vecinos;*
> *soy un espanto para mis amigos;*
> *de mí huyen los que me encuentran en la calle.*
> *Me han olvidado, como si hubiera muerto;*
> *soy como una vasija hecha pedazos.*
> *Son muchos a los que oigo cuchichear:*
> *«Hay terror por todas partes.»*
> *Se han confabulado contra mí,*
> *y traman quitarme la vida.* [86]

Y lo que David compuso de una forma tan sincera y profunda, está lleno de consuelo y puede traer nuevamente esperanza a nuestra vida al renovar el ánimo y las ganas de vivir.

La depresión de Elías

Elías, en mi opinión, es el ejemplo bíblico más fuerte y demostrativo de una persona deprimida. Primero, porque su depresión podría ser clasificada como severa. Tiene todos los síntomas de alguien que está postrado, sin recursos propios para poder salir de la situación sin ayuda externa. Solamente después de que fue atendido —y de una forma sobrenatural—, pudo recobrar sus fuerzas y caminar nuevamente en dirección al monte Horeb. Cuando analizamos psicológicamente los hechos en la vida de Elías, llegamos a la conclusión de que la suya podría ser llamada "depresión pos-éxito". Un tipo de depresión que suele alcanzar a muchas personas. Normalmente, cuando se presenta un desafío, el cuerpo pasa a producir un exceso de adrenalina para que la persona pueda ejecutar todo su potencial hasta verlo concluido. Una vez que la tarea está terminada, la producción de adrenalina también cesa, lo que trae desánimo y cansancio de tal manera que algunas personas tardan algunos días en recuperarse.

Elías venía de un gran hecho. En las historias registradas en el primer libro de Reyes, hay un relato de cómo sobrenaturalmente venció y mató a cuatrocientos cincuenta profetas del llamado dios Baal. Fue una situación de desafío y de fe. Había dos sacrificios a ser ofrecidos, el de Elías y los hebreos que se mantenían fieles, y el de los cuatrocientos cincuenta profetas de Baal y los que estaban del lado de Jezabel y Acab, reyes de Israel. La prueba consistía en que el sacrificio consumido por el fuego que bajase del cielo sería la señal del verdadero Dios.

En el relato bíblico el Dios verdadero fue el Dios de los hebreos, que consumió el sacrificio con un fuego devorador que bajó del cielo. Los otros cuatrocientos cincuenta profetas, por más que clamaron, no obtuvieron respuesta a sus oraciones. Entonces Elías venció a los profetas de Baal y los destruyó. Enseguida fue hasta el monte Carmelo para dedicarse un tiempo a la oración. Era un día claro, con un cielo limpio, y Elías le pidió a Dios que mandara lluvia. Y, milagrosamente, una pequeña nube apareció en dirección al mar, que anunciaba que una gran lluvia vendría sobre la tierra. Elías ordenó que le avisen a Acab para que se apurase por causa de la lluvia. El rey partió rápidamente en su carruaje para recorrer 25 km hasta Jezrel. Nuevamente Elías fue tomado por una fuerza sobrenatural, que La Biblia describe como *"poder del Señor"*,[87] y corrió delante del carro del rey todo el camino.

Acab le relató todo a su mujer, Jezabel, y ella se enfureció con Elías al saber de la muerte de los profetas de Baal. Entonces le mandó un aviso para darle veinticuatro horas de plazo, porque después ella lo destruiría de la misma forma en que él destruyó y mató a los profetas. Elías sintió miedo frente a la amenaza de Jezabel. Y ese miedo hizo que se desencadenara una depresión y que Elías el gran héroe y vencedor, quedase postrado y se sintiera totalmente desanimado.

La depresión no tiene lógica, y muchas veces no se entiende. Pero es necesario creer en el sufrimiento de la persona que pasa por depresión, aunque la situación parezca inconcebible. En el caso de Elías, es el protagonista de tres milagros en los que no había posibilidad humana de que estos hechos sucediesen. Tenía más de una prueba de que lo sobrenatural puede ser real, pero aun así temió perder la vida en las manos de la reina, y se abatió emocionalmente.

El gran profeta nos presenta ahora una lista de síntomas en sus sentimientos y postración física que hoy serían diagnosticados como depresión profunda o severa.

El primer síntoma de depresión que tiene Elías es el **miedo**. Se dio cuenta de que, humanamente hablando, no tenía escape, y frente a una sensación de impotencia, *"Elías se asustó y huyó para ponerse a salvo"*.[88]

El segundo síntoma es el **aislamiento**. *"Cuando llegó a Berseba de Judá, dejó allí a su criado y caminó todo un día por el desierto"*. [89]

Se fue solo al desierto, porque pensó que podría protegerse del ataque de Jezabel.

El tercer síntoma es **confusión y contradicción** entre los sentimientos y comportamientos, que voy a llamar **incoherencia**. Elías huyó para salvar su propia vida y oró pidiendo la muerte. No siempre hay lógica en el comportamiento de un deprimido; el esfuerzo por convencerlo por lo racional no siempre trae resultados positivos, porque la depresión puede poner a la persona en una gran confusión, donde nada tiene sentido. Muchas veces no se sienten amados, aunque haya muchos a su alrededor que le juran amor fiel y verdadero.

El cuarto síntoma es el **deseo de morir:** *"Llegó adonde había un arbusto, y se sentó a su sombra con ganas de morirse. «¡Estoy harto, Señor! —protestó—. Quítame la vida..."*[90]

El deseo de morir no significa deseos de matarse; hay una diferencia entre sentir el deseo de morir —no querer seguir viviendo— y el deseo de matarse. Elías le pidió a Dios que le sacara la vida, que en realidad es una forma de terminar la vida sin la propia participación. Para muchas personas, el simple hecho de pensar en morir ya se vuelve un peso insoportable, por la culpa que se siente.

—Lo que más quiero en estos días es encontrar un bandido que me asalte. Me haría un gran favor si en ese asalto me matase. Sería una forma óptima de encontrar la muerte —me dijo una mujer, frente al deseo de morir, pero no de sacarse la vida con las propias manos, o haciendo algo para provocar su propia muerte. El simple hecho de que una persona declare que le gustaría estar muerta, o que sería óptimo morirse, no significa que planee un suicidio. El deseo de morir puede surgir frente a una situación en que la persona se siente desvalorizada y descalificada para llevar a cabo una tarea que considere importante.

Sheila, frente al hecho de sentirse inapropiada, impaciente e incapaz de aceptar a uno de los hijos y de darle cariño a los otros dos, dijo:

—Lo mejor que me podría suceder es que yo muriese. Así mi marido se buscaría otra mujer que fuese cariñosa y amorosa con sus hijos.

El deseo de morir está muy ligado a un concepto equivocado respecto de uno mismo. A veces son personas que tuvieron un tipo de vida en que les faltó reconocimiento y aprobación. Es más complicado todavía si además de la falta de valor por lo que la persona es y consigue hacer, existe la crítica y la condenación por lo que ella no es y no consigue hacer. Las personas que vivieron en ambientes así pueden andar por la vida creyendo que no sirven para nada, sin poder ver lo que tienen de bueno. Corren el riesgo de tornarse exigentes consigo mismas en todo lo que hacen; llegan a creer que son enfermizas, y terminan opinando que al morirse no harán falta. Al contrario, piensan que su muerte será buena para aquellos que quedan, aunque no pueden y no quieren morir por sus propias manos. Desean una muerte en la que no precisen cargar con la culpa de haberla provocado.

Víctor Días opina que cuando alguien tiene ese tipo de comportamiento, también revela que necesita de cuidados especiales. Para él, una persona así corre más riesgos de accidentes caseros, como caer y lastimarse gravemente, cortarse con objetos de uso cotidiano y provocar, sin intención, pequeños accidentes de auto que una vez u otra pueden ser fatales. Una cosa es desear estar muerto, y otra cosa es no querer vivir.

—¡Vivir es muy difícil! —dijo una mujer en una pequeña reunión donde yo era discipuladora. Le pregunté por qué, y me respondió:

—A veces yo necesito ponerme una máscara para soportar. Hay mucha violencia, falsedad, traición y ausencia. Necesito fingir que todo está bien. Solo de vez en cuando me saco la máscara, y cuando lo hago no tengo ni un poco de ganas de vivir. No quiero morir, pero tampoco quiero vivir.

Esa mujer había perdido a un hijo de 10 años en un asalto que hubo en la puerta de la escuela a la hora de la salida; lo alcanzó una bala perdida del tiroteo entre los policías y los ladrones. Le era muy difícil vivir en aquellos días. Se encontraba sin fuerzas para enfrentar los quehaceres y responsabilidades comunes de la vida cotidiana, bajo el peso del dolor y la ausencia de su hijo.

Una joven de 30 años también confesó que era insoportable vivir. Ella perdía dos horas en el tráfico de su ciudad para poder llegar al trabajo. Un empleo siempre bajo presión, con horarios de entrega; un jefe perfeccionista y severo en los más mínimos detalles. Había dejado a su novio, y su mascota —un gato que quería mucho— murió después de estar muchos años con ella.

En una de las citas de terapia, entró en la sala, se sentó y se quedó en silencio por un largo rato. Solo lloraba, y cuando pudo hablar dijo:

—No quiero esta vida, y no sé como tener otra. Entonces no quiero vivir más.

Mientras conversaba con Nat, descubrí que ella no pensaba en morir. Simplemente no quería el peso de la vida. Nat veía que su vida realmente se le hacía muy pesada, pero también sabía que durante toda su infancia y adolescencia había sido librada de frustraciones y muchos problemas por sus padres y sus abuelos. Tuvo consciencia de que dentro suyo existía el deseo de seguir siendo una niña. Así siempre tendría a alguien que resolvería los problemas por ella. Para un niño, la vida adulta es sumamente pesada. Y Nat descubrió que en su interior no era más que una niña mimada.

Muchos consejeros, familiares y, a veces, los mismos profesionales, cuando ven ese tipo de caso no le dan importancia y tratan de convencer a la persona de que la vida es realmente buena. Hacen eso, porque les da miedo tratar con un caso de muerte o de suicidio, o porque creen que si actúan de esa manera ayudan a la persona a no pensar más en la muerte. Pero cuando alguien revela que le gustaría estar muerta, lo más importante es continuar con el tema, investigando al máximo posible, y ver, si hay apenas un deseo de estar muerta o si la persona tiene la idea de cometer alguna violencia contra sí misma, y cómo llevaría a cabo esta idea.

Volviendo a la historia de Elías, el quinto síntoma es el **autodesprecio**. *"Quítame la vida, pues no soy mejor que mis antepasados".*[91] Elías pensaba en sus antecesores y los criticaba de una manera negativa. No veía nada positivo en ellos, y se veía como si fuese alguien sin ningún mérito. En la depresión, la persona empieza a tener una visión pequeña, y a veces negativísima de sí misma.

Esa forma de ver se puede extender hacia las personas que están a su alrededor. Es como si se hubiese perdido la esperanza de que alguien pueda tener algo bueno. Pero también es posible que ese menosprecio lo sienta solo por sí misma.

El sexto síntoma es el **sueño alterado**, que en el caso de Elías fue dormir demasiado. Solo se despertó cuando el ángel llegó con alimento. Elías comió y se volvió a dormir, como todos los deprimidos que duermen de una forma exagerada. Elías dormía, pero no se recuperaba, no obtenía energías para seguir su camino. En Salmos, el libro bíblico donde los sentimientos son expresados en forma de poesía y cánticos, tenemos registrado a un salmista que lloraba tanto que, al contrario de Elías, no podía dormir: *"Mis lágrimas son mi pan de día y de noche"...*[92]

El séptimo síntoma depresivo en Elías es la falta de apetito. O, mejor dicho, **alteración en los hábitos de alimentación**. Esto es cuando no se tiene apetito, o se come de una manera exagerada. En el caso de Elías, solamente dormía y no tenía interés por alimentarse. Fue necesario que el ángel le trajese el alimento listo. Los familiares y aquellos que cuidan a personas que tienen depresión necesitan saber que en algunos casos es necesario tener la decisión, amorosa y respetuosa, de cuidar del deprimido por algún tiempo.

Con Bia fue así. Yo era la líder de un grupo de mujeres que se reunía todas las semanas para estudiar La Biblia y extraer lecciones de vida prácticas, para restaurar y ayudar en los daños emocionales que tuviese cada participante. Una de las participantes invitó a Bia a venir a las reuniones. Para ella fue un gran esfuerzo, pero vino. Tenía un semblante triste y caído; se presentó cómo alguien que estaba en una profunda depresión y no veía como salir. Estaba medicada, pero solo los remedios no eran suficientes para que Bia saliese de la frustración. Al final de la reunión, se me acercó diciendo que estaba sin esperanzas, pero sí tenía fe cristiana, lo que podía ser la puerta de salida de la depresión diagnosticada como severa.

Después de algunos días me telefoneó una amiga de Bia, para contarme que estaba en cama y no podía ni levantarse. Como voluntaria de la comunidad religiosa de Bia, fui a visitarla. La encontré en la cama, abatida, con ropas oscuras y cabellos atados para atrás en una cola de caballo y sin vida; su mirada no tenía brillo, su semblante estaba abatido y con expresión de una profunda tristeza. Bia no tenía ningún interés en hacer las tareas de rutina, como llevar a los cuatro niños a la escuela, supervisar el trabajo de las ayudantes de la casa, hacer compras en el supermercado, ir a la feria y hacer el menú para cada día. Para ella todo era gris, había perdido el encanto por todo.

En los primeros encuentros, la mayor parte del tiempo con Bia eran momentos de mucho silencio. Aun cuando hablaba, lo hacía muy despacio y presentaba muchas dificultades hasta para coordinar las ideas y los pensamientos. Se notaba que no tenía fuerzas físicas, ni ánimo para hablar, y mucho menos para ejercer cualquier tarea de responsabilidad. Exigir cualquier cosa de ella sería muy cruel, apenas aumentaría su tormento y no ayudaría en nada.

Felizmente, las participantes del grupo de mujeres eran dispuestas y se dedicaban a ayudarse unas a otras cuando era necesario. Ellas se organizaron. Una era responsable por comprar las frutas, verduras y legumbres en la feria; otras se ocupaban de ir al supermercado; otra asesoraba en la supervisión del trabajo de la casa; y otra iba a llevar y traer a los chicos de la escuela. Mientras tanto, yo me encontraba con Bia todos los días, durante una hora, como consejera. Combinamos entre nosotras que haríamos esas tareas, hasta que Bia estuviese fortalecida y pudiese cumplir con sus responsabilidades. Los primeros días, hasta le llevamos la comida a la cama.

Desde mi punto de vista, la ayuda y la dedicación de todo el grupo fue lo más importante en la recuperación de Bia. A los pocos días abrió el corazón y derramó toda su tristeza, como consecuencia de las frustraciones y las culpas. Algunas las identificó como verdaderas, y otras como falsas; al mismo tiempo salió de la cama y fue haciendo las tareas de a poco, hasta realizarlas todas nuevamente. Pero no dejó la consejería hasta que se sintió tan fortalecida que no temió más a los momentos de depresión, en el caso de que apareciesen otra vez.

Dios cuidó de Elías enviándole un ángel que le ofrecía alimento. Elías se despertaba, comía, pero se volvía a dormir. Una vez más el ángel lo despertó y le ofreció alimento, avisándole que necesitaba reponerse, porque tenía que llegar hasta el monte Horeb que, por lo que parece, era el lugar al que Elías quería ir cuando huyó de la presencia de Jezabel.

El octavo síntoma es la **autocompasión** a la que se entrega el deprimido. Empieza a tener la idea de que no son justos con él, y por consiguiente es un pobrecito. Observen la respuesta que Elías le dió a Dios en el monte Horeb cuando fue cuestionado, en los versículos 10 y 14 de 1 Reyes, en el capítulo 19:

Me consume mi amor por ti, Señor Dios Todopoderoso (...) Los israelitas han rechazado tu pacto, han derribado tus altares, y a tus

*profetas los han matado a filo de espada. Yo soy el único que ha
quedado con vida, ¡y ahora quieren matarme a mí también!*

La autocompasión distorsiona totalmente la visión de la realidad. Parte de lo que Elías decía era verdad. Realmente mantuvo su fidelidad y lo buscaban para matarlo. Aún había siete mil fieles,[93] pero él pensaba que no había nadie más. La autoconmiseración puede llevar a la persona a ser negligente con lo que posee y echarle la culpa de su fracaso a los otros. Elías hizo eso; se vió solo y acusó a otros de infieles y crueles.

Hay otro ejemplo bíblico, un hombre paralítico que se entrega a la autocompasión. Un inválido que estaba junto al estanque de Betesda, en Jerusalén (ver Juan 5).

Hacía treinta y ocho años que ese hombre estaba allí. Un día Cristo salió de una fiesta religiosa del templo y caminó en dirección al estanque, donde había muchas personas con varias incapacidades.

Se dirigió al hombre y le preguntó: "*¿Quieres quedar sano?*".[94] Él no respondió la pregunta que Cristo le hizo. No demostró si quería o no ser curado; puso una excusa; se justificó y al mismo tiempo reveló el concepto de sí mismo, para luego culpar a los compañeros de infortunio que no le permitían llegar hasta el estanque cuando las aguas eran movidas: "*Señor*" —respondió—, *no tengo a nadie que me meta en el estanque mientras se agita el agua, y cuando trato de hacerlo, otro se mete antes*". [95] Entonces Cristo Jesús le ordenó que se levantara, que tomara su camilla —que en realidad era un tipo de red— y que caminara.

A veces pienso que lo que hizo que ese hombre estuviese tanto tiempo junto al estanque fue la piedad que sentía por sí mismo y la culpa que los otros le imponían. O sea, él se quedó cada vez más letárgico y tuvo más dificultad para llegar hasta el lugar adonde, creían, estaría la cura de su enfermedad. Así como en los deprimidos, los sentimientos de este hombre eran de abandono y de soledad, con apenas la autocompasión como compañera.

En la historia de Elías, Dios amorosamente lo llamó por medio de un silbo apacible; se sintió tan bien que se cubrió el rostro y llegó hasta la entrada de la caverna donde se escondía en el monte Horeb. Para mí, ese movimiento de Elías es una señal de que tomaba el camino de salida de la depresión y ya estaba suficientemente fortalecido para ver la realidad. Entonces Dios le mostró que había siete mil personas con las que podía contar, y le pide que vuelva y realice dos tareas importantes: elegir a un rey y elegir a un nuevo profeta.

Un lugar para el lamento

Pienso que por causa del discurso evangélico exitista, que predica la victoria, el éxito y la alegría como señales de fe y de una vida verdadera, es que tenemos la dificultad de aceptar la depresión, tanto en nosotros como en los otros. Predicamos todo sobre la resurrección, pero nos olvidamos que antes del domingo de victoria sobre la muerte, tenemos el jueves de la prisión en el Getsemaní; tenemos el viernes de la crucifixión y del grito de Cristo Jesús preguntando sobre el abandono del Padre; tenemos el sábado del entierro, de la soledad, de la tristeza, de la sensación de abandono y del silencio mortal en la tumba.

Como resultado, ocultamos nuestros dolores y nos ponemos una sonrisa en el rostro para esconder nuestra agonía, o tenemos un discurso muy superficial que gira en torno de hacer y realizar, pero muy poco sobre lo que realmente pasa adentro, en lo más profundo de nuestro ser. Estamos más preocupados con espectáculos y presentaciones al estilo Broadway que con la relación entre las personas.

En la cultura bíblica judaica del Antiguo Testamento había tiempo para el lamento. Los judíos podían vestirse con ropas de cilicio, cubrirse de cenizas y mostrar su profunda tristeza por algún acontecimiento.

En una de sus ponencias, Ricardo Barbosa,[96] teólogo, fue indagado acerca de cómo los padres deberían reaccionar cuando pierden a un hijo de forma violenta, como en accidentes trágicos, asaltos, violencia acompañada de asesinato, etc.

Poniéndose en el lugar de un padre que pasa por eso, respondió:

> Creo que en una situación así solo nos resta el lamento. Y de alguna forma, tengo la esperanza de que en el lamento haya un poco de alivio.

Hay un cántico de David que dice que Dios puede cambiar el lamento en baile, y el cilicio por vestidos de alegría.[97]

Entonces Ricardo Barbosa tenía razón. En el lamento puede haber una transformación. Pero solo Dios puede cambiar la ropa de tristeza de aquellos que la visten. Muchos usan esas afirmaciones como para disculparse; para no sentir el dolor construyen una coraza en sí mismos cuando se trata de pérdidas dolorosas.

James Houston, al ocuparse de este asunto, afirma que el lamento es el antídoto para la desesperación, y que este debería envolver tres aspectos: el religioso, cuando nos lamentamos frente a Dios; el social, cuando nuestro lamento es delante de la comunidad; y el psicológico, cuando nos permitimos lamentar un fracaso o una pérdida, sin miedo de ser despreciado. Y continúa:

> Pero para nosotros hoy en día, el lamento no parece algo saludable, justamente porque nuestras tristezas, nuestro dolor y nuestro sufrimiento están muy arraigados, presos dentro de nosotros.[98]

Como Houston, también noto que dividimos nuestro ser total, y lo transformamos en varios compartimentos. En realidad el espiritual, el social, el filosófico, el psicológico y el racional deberían estar integrados. Deberíamos ser íntegros en nuestro trabajo, en nuestra vida familiar, social y religiosa. Sin embargo, oímos en el trabajo que los problemas no pueden ser llevados de casa al el trabajo, y viceversa; oímos en las iglesias que debemos dejar la tristeza afuera para cantar, danzar, aplaudir todo el tiempo; en la familia no siempre encontramos quien quiera escuchar sobre las dificultades que tenemos en el empleo; y así hacemos de la vida una experiencia seccionada.

Es sabido que una persona con problemas en casa tendrá su creatividad bloqueada, presentará dificultades en la capacidad de concentrarse y, seguramente, mostrará un bajo rendimiento cognitivo y motor. Sería mucho más interesante para una empresa crear los medios para que los empleados tengan los recursos con los cuales enfrentar las posibles dificultades personales y familiares. De esa forma, la angustia podría ser canalizada, y liberaría a la persona para un mejor desempeño. La Iglesia debería ser un lugar donde las personas puedan mostrar no solo alegría, sino también frustración, cansancio, tristeza, a fin de que los verdaderos sentimientos sean expresados con libertad. Y en la familia deberíamos tener libertad para hablar sobre nuestros anhelos y pensamientos más profundos, sin exigirnos ser diferentes de lo que somos.

Al vivir realidades diferentes nos destruimos, porque terminamos cargando pesos que a veces se tornan insoportables para ser llevados con la fuerza de una sola persona. Frecuentemente, como psicoterapeutas, ayudamos a las personas que nos buscan a llevar cargas que serían mucho más livianas y fáciles de resolver si encontrasen contención en el medio en que viven para exponer sus deseos más íntimos, y aun así sentirse aceptados.

ACEPTAR LA DEPRESIÓN
Y AL DEPRIMIDO

Tengo la costumbre de comparar la depresión con una ola del mar.

Cuando no conocemos el mar, creemos que podemos hacer frente a la ola, como si se fuese a asustarse con nuestro coraje y escapar a lo profundo del océano. Pero luego de que ella nos envuelve y nos derrumba descubrimos que, si no tenemos habilidad y condiciones físicas adecuadas, como mínimo, beberemos una buena cantidad de agua salada. También podemos entregarnos y dejar que nos lleve hasta la playa; y cuando la ola vuelva hacia el mar, luego de disfrutar la aventura de haber sido llevados por ella, estaremos bien. Otra opción es saltarla, lo que nos permite quedarnos en el agua y disfrutar todas las que vienen y van.

La depresión es así. Cuando tratamos de esforzarnos para que no nos atrape, solo logramos que se fortalezca y nos alcance cuando menos esperamos. Si notamos algunos síntomas de que estamos a punto de entrar en una depresión, lo que debemos hacer es permitir que llegue e ingresar en ella para ver lo que sucede.

Vivimos en una época de búsqueda incesante de placer. ¡Necesitamos sentirnos bien a cualquier precio! Nos sentimos cada vez más impotentes para tratar con un malestar que puede traernos crecimiento. Y así, cuando notamos cualquier señal de su llegada, encontramos enseguida una forma de neutralizarlo. Esta es una de las razones por la cual muchas personas recurren a las drogas, y se tornen dependientes químicos. Algunas drogas tienen el poder de llevar una supuesta alegría donde no existe. Cuando usamos cualquier tipo de narcótico para calmar alguna incomodidad que deberíamos conocer más de cerca, vivimos una alegría falsa. Y para mantener esa alegría falsa es necesaria cada vez una cantidad mayor de narcóticos, y hasta podemos llegar a vivir narcotizados para siempre: vivir una vida que no es vida y que no tiene nada que ver con nuestra realidad, o caer en un estado de melancolía que nos inmoviliza y nos torna inertes y amortecidos.

En el esfuerzo de ser una referencia de fortaleza y modelo para otros, pasamos a vivir como si fuésemos de hierro y no expresamos nuestros desalientos. Me acuerdo de una situación cuando mi hija tenía 14 años. Yo revivía rencores y tristezas que estaban guardados dentro de mí. Cuando me di cuenta de que no había sido amada y de que fui desamparada por mi madre, caí en una angustia profunda, que se manifestó en lágrimas incesantes.

Lavaba las verduras para hacer una ensalada cuando ella entró a la cocina y me vio con los ojos rojos e hinchados, y me preguntó:

—¿Estás llorando?

—Sí.

—¿Por qué? —quiso saber. Yo tomé coraje y le respondí:

—Porque no fui amada lo suficiente. Tú sabes que tu abuela tenía seis hijos menores que yo, y que no podía con una tarea tan grande. Ahora lo único que me queda es entristecerme y lamentarme.

De una forma amorosa, aquella adolescente me abrazó y me dijo:

—Tu madre no pudo darte amor suficiente, pero yo estoy aquí y quiero amarte lo más que pueda.

También recuerdo otros momentos en los que lloraba por alguna falta afectiva, y respondía que estaba con rinitis alérgica. ¡Cuánto consuelo he perdido en esas situaciones!

La Biblia está llena de historias donde los personajes se muestran como personas que se alegran, pero también se entristecen; conquistan victorias, pero también pierden, fracasan, lloran y se lamentan. El lamento debería ser parte de las ceremonias religiosas de las iglesias.

Ana lloraba copiosamente, no comía, tenía una aflicción en el alma y mucha ansiedad.[99] No la escondió ni de Dios ni de Elí. Frente a la provocación de Penina, la otra mujer de su marido, Ana fue al templo, pero no podía ni hablar. ¡Derramó la aflicción de su corazón en lágrimas!

Ezequías lloró muchísimo delante de Dios.[100] Rasgó su corazón cuando recibió la noticia de su enfermedad terminal, ¡con muchas lágrimas! No escondió su dolor. Por lo menos, Dios e Isaías sabían de su angustia ante la realidad de la muerte.

María lloró lamentando la muerte de Lázaro, su hermano; cuando se encontró con Jesús, Él se conmovió y también lloró al ver el sufrimiento de su amiga tan querida que atravesaba el temor de la separación física.[101]

Jesús, en Getsemaní, probó la más profunda aflicción. Se sintió aterrado, lleno de angustia y con una profunda tristeza con sabor a muerte. No negó su sufrimiento, y lo confesó delante de Dios, de Pedro, de Santiago y de Juan.[102]

Podría citarles muchos otros ejemplos, pues en las historias bíblicas no hay ningún interés en ocultar el dolor y la aflicción del ser humano. Negamos el dolor porque no sabemos tratar con él. No sabemos tratar con una persona que sufre, ni sabemos acogerla. Algunos comprenden el dolor de las víctimas de una tragedia como un secuestro, un asalto, un accidente, un incendio, guerras, terremotos, sequías, inundaciones; pero no saben tratar con aquellos que sufren porque están deprimidos y que expresan la angustia de ser, de existir, de envejecer, de la sensación de soledad, de no ser amado, de no querer vivir.

No sabemos lidiar con los dolores que son parte de la existencia humana. Enseguida queremos encontrar una forma para salir de esa situación incómoda, disimulamos; y tratamos de desviarnos del tema contando algún chiste, invitando a la persona a dar un paseo, o le mostramos rápidamente todas las cualidades que la persona posee.

Berta, a los 60 años era una mujer activa y dinámica; iba al cine, hacía caminatas, era amada por sus nietos, viajaba y tenía cada vez más éxito como médica: daba entrevistas, escribía artículos, publicaba libros, participaba de simposios y de cátedras dentro de su especialidad. Cuando una amiga le preguntó si estaba bien, Berta respondió que se sentía triste porque envejecía. Inmediatamente, la amiga le retrucó:

—¿Por qué? ¡No puedes estar triste! ¡Tienes tanto éxito! Tienes unos nietos lindos, tienes buena salud. ¡Y no eres vieja!

De esa forma, la amiga le dio una lista de todas las cosas buenas que Berta había conquistado. Y en ese momento Berta se dio cuenta de que era mejor cambiar de tema, porque su amiga jamás comprendería la dificultad por la que atravesaba al notar en su cuerpo las limitaciones de quien tiene seis décadas de vida.

Si es difícil aceptar con empatía la tristeza, es mucho más difícil consolar al deprimido. No aceptamos que una persona esté con depresión. Con mucha dificultad, lo admitimos en quienes tienen motivos claros y causas concretas. Pero así, sin quererlo, el deprimido adopta un comportamiento lleno de máscaras para sí y para todos los que están alrededor. Evita de esa manera el contacto con el dolor de la depresión y el consecuente provecho que podría sacar de estas etapas o momentos.

No hablo aquí de una tendencia masoquista, que muchas veces lleva al individuo a buscar la autotortura; me refiero a que asumir y experimentar el sufrimiento nos trae crecimiento y ensancha nuestros espacios interiores.

Al ensanchar estos espacios, nos capacitamos para expresar lo más bello que tenemos y también nos preparamos para consolar a otros en su sufrimiento. En otras palabras, cuando no huimos del camino de nuestros propios dolores, aprendemos a conocerlos y sabemos con seguridad que es posible recorrerlos. Al andar por ese camino, también encontramos muchos tesoros que proporcionaron ternura a nuestro corazón, pero que estaban perdidos junto a los dolores escondidos.

¡La ternura y la comprensión amorosa nos permiten vaciarnos de nosotros mismos, para que aquel que sufre entre y encuentre algún refrigerio! Creamos un espacio acogedor para que aquellos que llegan hasta nosotros, se puedan sentir cómodos y exponer todo su dolor, en el caso de que quieran. Creo que cuando una persona se dispone a vivir sus propias sombras, tendrá más experiencia para consolar a aquellos que también pasan por valles sombríos de la propia existencia.

Carl Rogers entendía que:

> Cuanto más equilibrado sea el terapeuta, mayor es el grado de empatía que demostrará. La presencia de disturbios en la personalidad del terapeuta permite que haya una comprensión de empatía menor, pero cuando no presenta ningún tipo de problemas de relación interpersonal y se siente confiado con ellas, presenta un mayor grado de comprensión.[103]

Y Rogers sigue con el tema, declarando que al descubrir eso reflexionó y analizó su propia vida, mientras entrenaba a otros profesionales; y concluyó que el profesional más maduro e integrado tendrá mayores condiciones para construir una relación beneficiosa con las personas que buscan su ayuda. Rogers no ve mucha posibilidad de ayuda, y yo concuerdo, si no hay por parte del consejero o profesional consejos dados con amor.

Ayuda médica

Ayudar a las personas que están con depresión es un trabajo en equipo. Como psicólogos o consejeros, necesitamos trabajar con la seguridad de que no hubo ninguna causa fisiológica, que haya desencadenado la depresión. También debemos estar seguros de que el proceso de depresión no interfiera en la salud física de la persona. Le cabe al médico, por medio de exámenes clínicos y físicos, ver si está todo bien en lo referente al sistema hormonal y químico de la persona.

Al mismo tiempo que la persona es ayudada a mirar en su interior, buscando descubrir cuales fueron las situaciones no resueltas que pueden causar ese estado depresivo, muchas veces también es necesaria la ayuda de alguna medicación que restablezca la parte física.

La medicación

Este es un tema que quiero aclarar bien, para no ser mal interpretada.

Primero, quiero dejar bien claro que entiendo que los remedios son una bendición de Dios, un descubrimiento científico para aliviar el sufrimiento humano. Para mí, las curas que se realizan por medio de la medicina tienen tanto valor y deberíamos agradecerlas tanto como las curas que ocurren sin la intervención médica. Las investigaciones y los avances en los descubrimientos de nuevos medicamentos también son milagros que se dan día a día, a los cuales no les damos importancia. Estoy segura de que Dios quiere el bienestar de las personas y es su deseo que podamos vivir de la mejor manera posible. Entonces, cualquier verdad, aun cuando no esté en La Biblia, viene de Dios. Y la ciencia ha descubierto muchas verdades para nuestro bien. Lo que ocurre es que así como muchos usan La Biblia para agredir, juzgar y hasta para portar drogas, muchos también han sacado provecho de los descubrimientos científicos para explotar al ser humano. Pienso que con el uso de remedios sucede lo mismo.

Recientemente leí en un periódico respetado un artículo que alertaba sobre el hecho de que muchos laboratorios exageraron los síntomas de algún mal y lo clasificaron como enfermedad para vender más medicamentos. Varias personas de las que atiendo han salido de consultorios médicos con una receta de antidepresivos. Algunas apenas se quejaron de cansancio, otras estaban sensibles (hasta en terapia) y lloraban con más frecuencia, y las diagnosticaron como depresivas, recetándoles medicación. ¡Es asombroso!

¡Otras solo querían hacer un régimen para perder unos kilos! Como descubrieron que usar drogas antidepresivas disminuye el apetito, empezó a ser costumbre para algunos médicos recetar esos remedios para que las personas ¡coman menos y adelgacen! Cuando observo estos casos, no tengo dudas de que realmente aquel reportaje del periódico tenía razón. Se inventan remedios, hacen una campaña para que los consumidores crean que algunos de los síntomas que tienen son señales de probables enfermedades, y los médicos recetan los remedios para que sean consumidos.

Vean lo que dice el reportaje:

¿La industria crea una enfermedad para vender la curación con una simple píldora?

por Ian Simple:

Once estudios publicados en una revista médica afirman que los laboratorios exageraron en la incidencia de disturbios.

Después de un día de trabajo, usted está sentado en el sofá y debería relajarse. Pero en vez de eso, siente el deseo irresistible de mover las piernas, mientras sus hijos hacen una jarana en la sala de estar; para completar, su vida sexual es una porquería. ¿Es apenas una escena cotidiana de la vida de muchas personas, o la combinación de tres condiciones médicas recién identificadas que pueden ser tratadas?

La segunda hipótesis es la correcta, de acuerdo con once artículos publicados por la respetable publicación *Public Library Of Science Medicine [Biblioteca Pública de la Ciencia: Medicina]*.

Investigadores de Gran Bretaña, Estados Unidos y otros países argumentaron que personas saludables son transformadas en pacientes por compañías farmacéuticas. Ellas divulgan problemas mentales y sexuales y promueven condiciones médicas muy poco conocidas, para luego revelar los medicamentos que, dicen, pueden curarlos.

Algunas de las mayores y más lucrativas farmacéuticas del mundo presentaron una serie de nuevas drogas para tratar "el síndrome de piernas inquietas" —o trastorno bipolar— el trastorno de déficit de atención con hiperactividad en niños y la disfunción sexual femenina.

Los estudiosos alertan que nuevas enfermedades son definidas o exageradas por especialistas, muchas veces financiados por los propios laboratorios.

Los artículos acusan a la industria de venta de enfermedades, práctica en la cual se infla el mercado de una droga al convencer a las personas de que están enfermas y precisan un tratamiento médico.

Del ámbito de lo anormal

Según ellos, compañías publicitarias aumentan la venta de drogas al dar un enfoque médico a aspectos normales de la vida (como la sexualidad), al presentar problemas moderados (la irritabilidad) como enfermedades graves y al sugerir que condiciones comunes (como el impulso de mover las piernas) sean enfermizas...

"La promoción de enfermedades explora los más profundos miedos atávicos del sufrimiento y de la muerte", dice la clínica general Iona Heath, de Caversham Practice, en Londres, que contribuyó con la publicación.

"Es el interés de las farmacéuticas expandir el ámbito de lo anormal, para que el mercado de los tratamientos sea proporcionalmente ampliado".

En la editorial, Ray Moynihan y David Henry afirman:
"Alianzas informales entre las corporaciones farmacéuticas, empresas de relaciones públicas, grupos de médicos y defensores de pacientes, promueven esas ideas (…), para imponer sobre el público y los responsables de decisiones públicas una cierta visón sobre un problema de salud específico".[104]

También recibí un folleto de un laboratorio fabricante de medicación antidepresiva con la afirmación de que la depresión es una enfermedad. En uno de los tópicos, hay una descripción de los síntomas para que la persona se evalúe con el fin de constatar si tiene o no esa enfermedad. Aquí está la lista de los síntomas.

- Tristeza o irritación durante la mayor parte del día
- Pérdida del interés o placer en actividades que le eran agradables
- Cambios repentinos en el apetito o en el peso
- Agitación o postración
- Sensación de constante cansancio
- Frecuentes sentimientos de culpa
- Dificultad para concentrarse
- Frecuentes pensamientos de muerte

Al pie hay una afirmación de que es necesario tener todos estos síntomas para estar deprimido. Bueno, yo misma tuve todos esos síntomas o casi todos, y no estaba deprimida. Simplemente atravesaba situaciones que en aquel momento alteraron mi ritmo normal de vida.

Virginia Moreira, doctora en psicología e investigadora del programa de posgrado de doctorado en Medicina Antropológica de la Universidad de Harvard, al desarrollar un proyecto de investigación crítico-cultural sobre la depresión en el mundo contemporáneo, describe con propiedad el enfoque exagerado en el uso de medicamentos:

No pretendo negar aquí la existencia de una dimensión bioquímica en la etiología de la depresión, ni el valor de los descubrimientos recientes en el campo de los psicofarmacología, que representan sin duda un avance en el conocimiento biomédico, necesario y útil en el combate del sufrimiento psíquico. Cabe, en tanto, denunciar el uso comercial, irresponsable, indebido y exagerado de las drogas que, cuando están mal administradas, hacen más mal que bien. No nos podemos olvidar de que en el panorama actual de abordaje y del tratamiento de enfermedades mentales, el modelo biomédico prevalece (...), junto a intereses económicos de laboratorios multinacionales. Se trata el síntoma dejando de lado la etiología, lo que, una vez más, está relacionado con la ideología biomédica organicista e individualista que, como recuerda Silva (...), corresponde a la instauración de la propiedad, característica fundamental de orden socio-económico capitalista.

La utilización del remedio, prescripto para "normalizar" las alteraciones de la serotonina, tiene que ver con una forma posmoderna, donde se requieren respuestas y soluciones inmediatas para los problemas. Morris (...) hace una analogía entre el gusto del público en busca de mejoras rápidas y curas instantáneas a través de drogas y de cirugías —lo que ayuda a mantener vigente el modelo biomédico— con el gusto por el *fast-food [comidas rápidas]*. En tanto, la así llamada revolución en psiquiatría que define la depresión como una alteración bioquímica, no es una completa victoria para los pacientes. Las píldoras son más fáciles y más baratas que una psicoterapia, por ejemplo, y es mucho más simple que pensar en términos de salud psicológica comunitaria, que exige medidas macro-sociales preventivas. Pero el tratamiento de una disfunción neuroquímica a través de drogas apenas corrige un desequilibrio biológico, no explica el cómo ni el por qué de este desequilibrio, ni previene su reaparición.

No es en vano que el significado de la depresión restringido a un disturbio serotoninérgico sea bienvenido en el mundo contemporáneo que vive el imperialismo de la sintomatología. Ese significado refuerza la ideología en que nos vemos como un manojo de nervios, que reaccionan a estímulos neuroquímicos y nos separan de la idea de quiénes somos: seres que hablan y actúan según intenciones moralmente dirigidas.[105]

Ana María Sigal, psicóloga y profesora que participó de una jornada sobre el tema "Síntoma", se impresiona con aumento de la medicación en niños. Cree que es exagerada y perjudicial al trabajo de la psicología la prescripción de ciertas drogas antidepresivas:

Lo que me asusta es el aumento de la cantidad de educadores, médicos y psicoanalistas que quedan seducidos por la supuesta facilidad y felicidad proporcionada por los medicamentos que tienden a recetar. Nos preocupa ver la connivencia, ingenua o no tanto, con el uso de la medicación que promete éxito rápido en la práctica clínica.

En nuestro medio, vemos aumentar la complacencia para con la medicación infantil, que crea un ejército de dependientes químicos, los cuales no son denunciados por infringir las leyes impuestas por la sociedad; esta, al contrario, los induce a drogarse para evitar el descontento con los síntomas que sufren. Las estadísticas nos muestran que en los últimos cuatro años se dobló el número de niños medicados con ritalina. Esa sustancia estimulante evitaría la desatención y la hiperquinesia, síntomas que todavía pueden ser mejor comprendidos a la luz de los efectos que una sociedad mediática produce, al transformar la subjetividad y operar en ella.

El corolario es que es necesario pensar en la propia realidad, como productora de patologías.[106]

Para Sigal, los síntomas infantiles la mayoría de las veces revelan la ausencia de los padres y de las madres, sumergidos en un sistema que los fagocíta. Según ella, los que pertenecen a una clase social más alta entregan sus hijos a los cuidados de niñeras, choferes, enfermeras u otros profesionales; y los que son de una clase social más baja, desamparan y descuidan a los hijos en la lucha por la propia supervivencia debido al subempleo o, lo que todavía es peor, ausencia de empleo.

Por último, Sigal hace un llamado: "denunciar la medicación extra en los niños es un compromiso ético".[107]

Felizmente, no todos los profesionales de medicina entran en ese esquema capitalista de producción, manipulación y consumo. Muchos que conozco ejercen la medicina con seriedad, ética y respeto por las personas. Eso significa que son profesionales que ven más allá de la apariencia, notan lo que puede haber detrás de una nueva medicación y no están interesados solo en eliminar los síntomas de algún mal, sino en ayudar a la persona a tratar las causas de sus dolores, explorando todas las posibilidades para que el bienestar sea visto como realmente es. En muchos casos son síntomas normales los que se manifiestan, como una reacción saludable a determinados acontecimientos. Otras veces será necesario solucionar los problemas que afectan áreas de la vida diferentes al cuerpo físico para que el trastorno se alivie.

Creo que para muchos profesionales es más fácil recetar medicamentos para sedar y calmar a una persona deprimida, que hacer un tratamiento personal y diferente para cada persona que busca ayuda.

Elizabeth Kübler-Ross, médica suiza, cuando trabajaba en un hospital psiquiátrico de Manhattan, al ser interrogada por sus superiores sobre el éxito que tenía —los internados bajo su cuidado mejoraban y recibían el alta— respondió: "No podemos llenarlos de remedios hasta que queden apáticos y querer que mejoren".[108] Y siguió diciendo que no se refería a los internados como otros profesionales hacen: *el enfermo de la cama tal...,* porque le parecía muy importante tratarlos como gente, y que siempre las llamaba por su nombre. También tenía interés en saber alguna cosa personal y conocía las costumbres de cada persona que estaba bajo su responsabilidad. Kubler-Ross concluyó: "A ellos les hace mucho bien esto".[109]

La doctora Kübler-Ross, que trabajó durante treinta años con personas enfermas en fase terminal, se hizo famosa por el respeto que tuvo para con sus pacientes; ella sabía que escuchar atentamente y manifestar interés personal puede tener un poder terapéutico más eficiente que muchos remedios.

James Glass, citado en la biografía de John Forbes Nash hijo —un genio mundialmente conocido y ganador del premio Nóbel de Economía en 1994— después de que investigó sobre su pasaje por Princeton para justificar la libertad lingüística recuperada por Nash, dijo:

> El hecho de ser más libre para expresarse, sin miedo de que alguien lo mandase a callar, o lo llenase de remedios debe haberlo ayudado a salir de su aislamiento lingüístico hermético, adonde se encerró de una forma desastrosa.[110]

Glass, en sus observaciones, notó que la libertad y el respeto por la persona del "enfermo" también tiene un efecto curativo elevado.

Pero reconozco que muchas depresiones pueden tener una causa puramente fisiológica; en ese caso la prescripción de remedios por el médico psiquiatra es necesaria y podrá ser de gran ayuda para la persona que sufre.

Las investigaciones científicas y los descubrimientos son necesarios, y me alegra saber que la persona no precisa soportar un terrible dolor de cabeza o retorcijones porque existen analgésicos que pueden ayudar en esa situación.

Sin embargo, la medicación puede ser tanto una ayuda como una molestia. Y el tratamiento con medicamentos perjudica cuando elimina todos los síntomas de malestar de la persona, porque descarta así la posibilidad de identificar alguna causa probable para la depresión.

El ser humano tiene límites diferentes para soportar dolores y sufrimientos. Algunos soportan muy bien toda la angustia de una depresión, aun siendo severa. Otros son más sensibles, e incluso con una depresión leve necesitan la ayuda de remedios.[111]

En la psicoterapia, contrariamente a la medicina, no eliminamos todos los síntomas de algún sufrimiento, porque a través de esos síntomas es que la persona podrá descubrir las situaciones que la hacen caer en estado depresivo, y se puede evaluar si hay hechos que pertenezcan al pasado cuyos sentimientos continúen vivos en la memoria de una forma perceptible o no.

Relato aquí la historia de Marina, que participó en uno de los grupos de psicoterapia. Hubo una semana en que faltó. A la semana siguiente vino y habló sobre el motivo de su ausencia en el encuentro anterior:

—Llame para avisar que no venía porque estaba muy frío y lluvioso. Pero la verdad es que también me sentía con miedo y deprimida.

—Pero necesitamos venir cuando estamos así —respondió otro participante.

—Pero yo no tenía fuerzas, y me sentía mal —dijo Marina.

Le pregunté:

—Marina, ¿quieres hablar un poco más de ese mal?

—Es un dolor en el pecho; mi corazón late acelerado, siento como si me faltase el aire y me quedo parada con miedo de dar un paso. Es necesario que alguien se me acerque y me diga para dónde debo ir. Es una sensación de estar perdida. De no saber para dónde ir. O de no poder ir... Me quedo sin fuerzas.

Marina atravesaba por una situación muy difícil, pues su padre estaba muy enfermo. Había sufrido un ataque cardíaco y después un accidente cerebral vascular (ACV). Sufrió una alteración en el humor que lo tornó muy agresivo, crítico y nervioso, y hacía necesarios mucha paciencia y dedicación de los que estaban a su alrededor. Marina necesitaba cuidar a su padre turnándose con otras personas que le hacían compañía. No sabía cómo lidiar con los insultos, con las críticas y las acusaciones que oía, y que muchas veces eran dirigidas a ella. Siempre había sido un hombre violento, explosivo e incomprensivo. Marina tenía un hermano mayor y muchas veces en su infancia vio cuando el padre lo agredía, incluso físicamente y de una forma violenta.

En esos momentos la madre trataba de intervenir sin ningún resultado, y Marina quedaba asustada, inmóvil, sin saber qué hacer, ni para dónde ir.

Cuando hizo memoria, recordó que el sentimiento más fuerte que tenía era el miedo de que el padre matase al hermano. Quería impedirlo, pero no sabía cómo hacerlo y sentía miedo de que el padre la agrediese a ella también. Esas situaciones se repetían con mucha frecuencia. Marina creció conviviendo con sentimientos de soledad, miedo e impotencia exagerados. Presentó síntomas físicos de mucha fragilidad, y le diagnosticaron ser portadora de una anemia crónica. Solo cuando fue adulta, y con un acompañamiento psicológico, Marina pudo normalizar el número de glóbulos rojos en la sangre y eliminar la anemia. Ahora nuevamente presentaba síntomas de mucha fragilidad física, miedo y apatía. Ya había ido al médico, se había hecho un chequeo general, y el resultado médico fue que estaba deprimida. Tomaba un medicamento suave, a su pedido, justamente porque quería sacar provecho de esta situación y ampliar su conocimiento emocional.

Le pregunté:

—Marina, ¿cómo te sientes en esas situaciones?

—Me siento como una niña que precisa de alguien que le dé apoyo y orientación.

Como ya conocía la historia de Marina, rápidamente me vino a la memoria el día que hicimos una retrospectiva y ella recordó estar a la entrada de la puerta, inmovilizada. Pensé que tal vez la ayudase si le contaba lo que me venía a la memoria, y lo hice. Ella se quedó pensativa por algunos minutos, y después dijo:

—¡Es eso! Tengo los mismos sentimientos de cuando era niña, cuando sentía que no podía hacer nada frente al horror que vivía día a día en mi casa. Y en aquella situación estaba sola. No tenía para dónde ir, ni quién me socorriese. Ahora mi miedo también es estar sola. Es el mismo miedo.

—Pero no estás sola, y no eres más una niña indefensa —le dijo una compañera del grupo. Cuando tomó consciencia del dolor, Marina se quedó reflexionado un tiempo, como si digiriese cada pedacito de lo que descubría. Ella concluyó:

—Lo que tengo no es depresión. Los síntomas son parecidos, pero la verdad es que vivo los sentimientos que no expresé cuando era pequeña. Un poco es por lo que sucede con mi padre, pero también son las cosas del pasado. No necesito quedarme en la inercia, y ya sé que estos síntomas físicos no son señales de algo grave en mi cuerpo. Me voy a casa, quiero pensar y reflexionar mejor sobre todo esto que vino nuevamente a mi consciencia.

En mi opinión, el remedio es necesario cuando la persona no puede cumplir con las tareas que son parte de su responsabilidad cotidiana. Como el caso de una madre que no puede cumplir con los quehaceres de la casa, ni con la responsabilidad que tiene con los hijos; un estudiante que no puede concentrarse en los estudios y en las clases, o alguien que no consigue trabajar y corre el riesgo de perder el empleo. También cuando la persona no puede dormir o descansar y queda exhausta. No hay ninguna ventaja en estar estresado a punto de no tener ningún rendimiento físico. Pero cuando el individuo está en condiciones de hacer su vida dentro de la normalidad y puede cumplir sus responsabilidades y obligaciones, la medicación no es necesaria, sobre todo si la persona no quiere tomarla. Sé que algunas personas pueden estar apáticas y no darse cuenta de lo que les hace bien. Pero esas personas, por lo general, no buscan ayuda por sí mismas. Son traídas por familiares y amigos cercanos. En esas situaciones no hay duda de que la empatía, la comprensión y lo terapéutico en la psicoterapia son necesarios, junto con una consulta psiquiátrica.

Como psicoterapeuta o consejero, es importante saber, en primer lugar, que cuando la persona busca ayuda, por lo general tiene recursos emocionales que le dan apoyo para lidiar con las cosas que la molestan. En segundo lugar, es importante creer en el potencial interior de la persona para elegir lo que quiere. Y cuando ese potencial es frágil es necesario fortalecer su autonomía y autoconfianza, para que sea capaz de evaluar lo que prefiere o lo que es mejor para ella.

Por lo general, los psicólogos que encaminan a sus pacientes a la medicación solo porque presentan síntomas de tristeza o desánimo es porque no saben considerar el sufrimiento del otro, o porque no aprendieron a lidiar y a aceptarse a sí mismos en los momentos de sufrimiento y de angustia, de tristeza y de desaliento.

Empatía

La empatía es una de las posturas más difíciles de explicar teóricamente. Tal vez por eso existan muchas cosas escritas al respecto. Pienso que también es una postura muy difícil de ser practicada. Clara Feldman, psicóloga y escritora, piensa que es muy común confundir empatía con simpatía. Sin embargo, la empatía es una cualidad imprescindible para el profesional o consejero, que le permite ayudar a las personas que se encuentran en depresión.

Vamos a pensar en un ejemplo ficticio. Una joven llega llorando y pidiendo ayuda porque su novio la ha dejado y sufre mucho con esta pérdida. La postura simpática diría lo siguiente: "Tranquila, no llores. Eso ya va a pasar, va a pasar y enseguida encontrarás otro. ¡Tú eres tan bonita!".

La postura empática, trataría de notar todos los sentimientos, aun los que en aquel momento no son evidentes en la joven. La conversación podría ser así: "Veo que estás muy triste y desamparada, como si la vida no tuviese más sentido para ti. Parece que te hubiesen movido el piso, ¿no es verdad?".

En la postura empática no hay interés en consolar, y mucho menos en solucionar el dolor de aquel momento.

Empatía, es la capacidad que una persona puede desarrollar de hacer conexión con los sentimientos de otra sin perder su propia identidad, sin dejar de ser ella misma, sin dejarse afectar por los sentimientos que no son suyos. Sin embargo, es necesario estar consciente de que por más que se tenga empatía, no se podrá sentir el dolor del otro con toda intensidad. En el caso de esta joven, darle una respuesta con identificación sería más o menos así: "¿Cómo pudo hacer eso contigo? Después de tanto tiempo, ¿dejarte de esa manera? ¡Eso es terrible!". Esa respuesta indica que el consejero, o el profesional se focalizó más en el posible ofensor que en la persona que buscó ayuda.

Cuando se intenta tener empatía por el otro, y el profesional o el consejero pasa a identificarse, es muy probable que este no tenga resuelta en su vida una situación parecida.

Esto hace que aunque sea capaz de lograr ver el dolor del otro con compasión le resulte imposible conservarse fuera de la situación y mantener su propia identidad. Recuerdo una situación en que la persona nos relató la relación con su padre. Yo notaba que había señales de dureza y hasta de crueldad del padre hacia ella. Pero todavía no era perceptible para la paciente, quien se refería al padre gentilmente. En una respuesta me referí al padre llamándolo tirano, un término que ella no había usado porque todavía no percibía el despotismo del padre. En aquel momento me identifiqué con su historia, porque en mi vida todavía tenía algunos rencores que no había superado con respecto a mi padre. Felizmente, me di cuenta a tiempo y supe separar lo que era mío y lo que era de ella. Retomé la empatía con la paciente, y después traté en mi psicoterapia los hechos que aún estaban dolorosamente registrados en mi memoria con relación a mi padre.

Carl Rogers, después de varios años de práctica y reflexión sobre la empatía, la definió así:

> El estado de empatía o tener empatía, consiste en percatarse con precisión del cuadro de referencias interno de la otra persona, juntamente con los componentes emocionales y significativos que le pertenecen; como si fuésemos la otra persona, sin perder jamás la condición de "como si".[112]

Cuando se trata de ayudar a las personas que están con depresión, empatía significa hacer una conexión con la tristeza, con la apatía y con los otros sentimientos característicos de la depresión, sin deprimirse junto con la persona. En esa actitud, la persona se siente comprometida y libre para expresar cualquier sentimiento del que tenga consciencia. Y en muchas situaciones el simple hecho de sentir que no es rechazada e incomprendida ya es suficiente para que el deprimido tenga el estímulo que le dará el empuje inicial para fortalecerse y tomar el coraje necesario para retomar la vida.

La ausencia de empatía bloquea la espontaneidad e impide la libertad para que la persona abra su corazón sinceramente y exprese su sufrimiento, lo que retrasa el proceso de mejora. Es peor todavía cuando la persona no se siente comprendida o aceptada. En su fragilidad, tendrá la tendencia de reforzar el discurso o la postura de autoconmiseración y la imagen de víctima.

En La Biblia, en el primer capítulo del primer libro de Samuel, tenemos el ejemplo de Elcaná, marido de Ana. Él tenía buenas intenciones, quería ayudar, amaba a su mujer, pero no supo ser empático. El texto relata que Penina, la segunda mujer de Elcana, tenía hijos y provocaba a Ana por ser estéril. Ana lloraba, no comía y tenía una profunda amargura:

> *Cada año, cuando iban a la casa del Señor, sucedía lo mismo: Penina la atormentaba, hasta que Ana se ponía a llorar y ni comer quería. Entonces Elcaná, su esposo, le decía: «Ana, ¿por qué lloras? ¿Por qué no comes? ¿Por qué estás resentida? ¿Acaso no soy para ti mejor que diez hijos?».* [113]

Me pongo en el lugar de Ana. Yo me sentiría un trapo o, peor todavía, una basura por no poder engendrar; con rabia por las provocaciones de la otra mujer e irritada con las humillaciones; impotente por no tener forma de salir de esa situación. Solo me restaría llorar, llorar, llorar tanto que no podría ni comer. Ahí estaría con mi marido, que se atreve a preguntarme el por qué de mi llanto, de mi falta de apetito y de mi tristeza. ¡Y todavía es pretencioso y cree que vale diez veces más que el hijo que quiero!

Jerry y Mary White,[114] al tratar el asunto de la depresión en su libro, creen que Elcaná se equivocó mucho. Para mí, no fue capaz de dar un paso para comprender los sentimientos de Ana, aunque quería ayudarla. Sinceramente, en el lugar de Ana me hubiese sentido la más solitaria de las criaturas y en un abandono total. Como si no bastase la dosis de falta de empatía que Ana experimentó, cuando fue al templo a orar, Elí la juzgó de un modo frío y cruel: "*¿Hasta cuándo te va a durar la borrachera? ¡Deja ya el vino!*"[115] Era lo único que le faltaba. ¡Aparte de todo el dolor y la tristeza que tenía, ser vista como una borracha! Felizmente, Ana tuvo fuerzas y mucha fe para no desmayar delante del juicio de Elí. Se defendió y mostró todo su dolor y también su deseo, de tal manera que tocó el corazón y restableció la sensibilidad de Elí, quien pidió paz para el corazón de Ana y se puso de acuerdo con ella para pedir a Dios que le concediera el hijo tan deseado. Y Dios atendió su pedido.

Con la empatía no existe la intención de hacer que la persona se sienta mejor, o de cambiarle la visión o la forma de comprender las cosas. Cuando se trata de alguien con depresión, apenas se hace una conexión con los sentimientos de la persona, se intenta ponerse en el lugar de ella, sentir toda su tristeza, su desaliento, miedo o cualquier otro sentimiento que pueda ser captado. Se le puede comunicar a la persona lo incómodos que son esos sentimientos. Por lo general, cuando eso ocurre el deprimido recibe coraje, se da cuenta de que puede ser aceptado y comprendido por otra persona. Y muchas veces, en ese momento se frena el proceso de depresión y se produce el deseo de retomar la vida cotidiana nuevamente.

Pablo sabía de la importancia de la comprensión. Conocedor de las dificultades que atravesaban por causa de la fe los cristianos que vivían en Roma en el siglo I, escribe una carta: *"Por tanto, acéptense mutuamente, así como Cristo los aceptó a ustedes para gloria de Dios"*.[116] Para los cristianos el modelo indiscutible de aceptación es Cristo. Él siempre fue amoroso y comprensivo con los que sufrían. En ningún momento Jesucristo fue duro con los tristes, enfermos, enlutados o con aquellos que pagaban un precio amargo por elegir cosas erradas en la vida.

El médico Lucas, al escribir su evangelio, relata lo ocurrido entre Cristo y la mujer que sufría un flujo de sangre.[117] Jesús notó su toque, que estaba prohibido para una mujer que tenía hemorragia. El oyó con mucha atención el relato de la mujer, comprendió su desesperación por ser portadora de una enfermedad que la tornaba inmunda y excluida de la sociedad, la trató cariñosamente al llamarla hijita y la curó, librándola de aquel flagelo.

Escucharla con empatía puede ser el comienzo del camino de vuelta para una persona deprimida.

Oír

Oír es una de las cosas más difíciles de practicar, sin embargo, es muy importante en el tratamiento de la persona deprimida. Por lo general, entendemos que no tener una respuesta es inexcusable y sin valor.

El silencio que existe entre la emisión y la respuesta es angustiante para quien está presente. Y se busca enseguida un medio de llenar ese espacio silencioso con algún comentario, aunque no se sepa o no se tenga nada para responder. Y así le quitamos la oportunidad a aquel que habló de oírse a sí mismo. Y lo peor es que es común dar una respuesta, que en vez de facilitar bloquea la continuación del diálogo.

En los relatos bíblicos somos llamados a oír, más que a cualquier otra cosa. Santiago, en una carta que escribe a los judíos convertidos al cristianismo en el siglo I, recomienda: "*Todos deben estar listos para escuchar, y ser lentos para hablar y para enojarse*".[118] Y más de una vez Cristo exhorta a sus oyentes: "*El que tenga oídos para oír, que oiga*",[119] y deja claro que muchos tienen oídos pero no están dispuestos a oír.

Estamos más preparados para dar recetas, fórmulas, citar versículos bíblicos o indicar algún libro de autoayuda que para experimentar el silencio, que nos permite escuchar mejor lo que el otro nos quiere decir.

Rubem Alves aclara:

> Es preciso saber oír, atender, dejar que el otro entre dentro nuestro. Oír en silencio. Sin echarlo por medio de nuestros argumentos y contra argumentos. Nada es más fatal contra el amor que una respuesta rápida.[120]

Pero no es solo contra el amor que el no oír y la respuesta rápida son fatales. Lo son también cuando hay alguna intención de ayudar en cualquier relación, es aun más peligroso para las personas que están con depresión.

Andrew Solomon concluyó de una forma muy apropiada:

> No hay dos personas con el mismo tipo de depresión. Como copos de nieve, las depresiones siempre son únicas, cada cual basada en los mismos principios esenciales, pero cada una con una forma irreproducible y compleja[121].

De hecho, no existen dos problemas ni dos depresiones iguales. Es posible encontrar personas que se identifican, o que presentan causas o síntomas parecidos. Pero escuchar minuciosamente revelará diferencias profundas.

Rachel Remen, médica, al referirse a la capacidad de oír de Carl Rogers durante las consultas, destaca:

> Oír es el más antiguo y tal vez el más poderoso instrumento de cura. Con frecuencia, por la calidad y el modo en que oímos y no por la sabiduría de nuestras palabras es que podemos efectuar cambios profundos en las personas que nos rodean. Cuando oímos, ofrecemos con nuestra atención una oportunidad para la integridad. Nuestra atención crea un santuario para las partes sin hogar que existen dentro de la otra persona. Las que fueron negadas, despreciadas, desvalorizadas por ella misma y por los otros. A esa altura, con frecuencia el alma y el corazón se quedan sin hogar. Oír crea un silencio sagrado.[122]

El peor enemigo para ser un buen oyente es preocuparse por la respuesta. Cuando lo hagamos, habrá un divorcio, una separación entre la persona y lo que ella dice. Quien quiera oír verdaderamente, tendrá que librarse de juzgar valores y conceptos, así como de creer que necesita tener una respuesta, para poder concentrar toda su atención en la persona que tiene enfrente. Entonces la comunicación de esa persona puede penetrar en el espacio que se crea en el interior del otro, y en esa unión puede surgir alguna respuesta que siembre algo nuevo en el corazón del abatido.

Recuerdo una situación en que me sentía muy herida por el comportamiento que tuvo una amiga. Llorando desconsoladamente, le conté lo ocurrido a otra amiga, que me escuchó, se quedó en silencio sin preocuparse por el tiempo y apenas me acarició el brazo con un toque suave y delicado. Hace treinta años que ocurrió eso, y todavía tengo bien presente en el recuerdo el efecto restaurador que la compañía silenciosa de mi amiga me trajo. Por supuesto que no hablo de un silencio hueco, vacío y estéril. Ni del silencio de la omisión o la indiferencia. Me refiero al silencio de alguien que está integrado y presente, transmitiendo una unión viva. Muchos pueden ser comunicativos sin decir una palabra.

La tarea de oír no es solo con los oídos. Cuando se trata de una persona que está entregada al proceso de depresión es necesario oír también con los ojos y con el corazón. Es necesario oír lo que la persona dice, pero también oír lo que la persona no dice. Y hay situaciones en que es necesaria una percepción desarrollada, para ver y escuchar lo que la persona en sufrimiento no nos dice.

La persona en depresión muchas veces se torna silenciosa, o porque esta decaída y hasta hablar se le torna difícil o porque el desánimo es tanto que destruye todos los recursos para que pueda expresar sus necesidades. Tanto los profesionales, como los consejeros y familiares, necesitamos "escuchar" la comunicación del silencio de quien sufre depresión. La realidad es que para escuchar a otra persona antes es necesario escucharse a sí mismo. Aquellos que no resisten el silencio y que siempre necesitan llenar el espacio con algún ruido, difícilmente tendrán condiciones para escuchar.

Muchas veces la tarea de escuchar lo que viene del interior de uno asusta y duele. Entonces se busca de todas formas llenar ese silencio con la música, con la tele, hablando, leyendo, con algún trabajo manual o con cualquier otra cosa que haga que los sonidos y la charla de nuestra propia alma se silencie.

Henri Nouwen[123] descubrió hace muchos años que nuestra sociedad ruidosa creó un problema serio: el miedo al silencio y el engaño de creer que las palabras son más importantes que el silencio. La verdad es que en el silencio podemos encontrarnos con nosotros mismos. Y si la persona tiene paz consigo misma, el silencio puede ser tranquilo, pleno, fructífero y rico. Pero para aquellos que todavía están en guerra dentro de sí, el silencio puede revelar la presencia torturadora de algo que todavía es despreciado y que no puede ser visto. Y en esa situación, el silencio ni es silencio; es apenas la ausencia de palabras. La boca se calla, pero el corazón está en una tormenta de gritos y ruidos.

Aceptación y amparo

Aceptar al deprimido significa tener recursos emocionales y condiciones para darle amparo; es recibir dentro de uno toda la tristeza de esa persona sin exigirle que cambie o que tenga otra conducta. Cuando seamos capaces de aceptar al deprimido, tendremos con él una actitud y palabras bondadosas.

El rey Salomón, considerado uno de los hombres más sabios que vivió en la Tierra, afirmó en el libro de Proverbios, muchos años antes de que Cristo naciese: *"La angustia abate el corazón del hombre, pero una palabra amable lo alegra"*.[124]

Una palabra bondadosa no significa enfrentar o advertir, ni significa una exhortación, ni un reto, ni tratar de convencer al deprimido de cambiar de actitud. Significa decir palabras en las que la persona que sufre pueda encontrarse consigo misma. Quien recibe a esta persona, va a oírla y a entenderla como si el sufrimiento fuese en la propia piel. Y el ánimo no cambia porque se emplee alguna técnica, pero sí cuando la persona sabe que hay un rincón, un lugar, hay alguien a quien ella puede correr y simplemente ser recibida, sin sermones y sin reprimendas para que cambie enseguida de apariencia o de humor.

—A mi padre no le gusta mi cara —me dijo Karol, una niña de 5 años.

—¿Qué sucedió para que tú pienses que a él no le gusta tu cara?

—Yo estaba muy triste porque él no me compró un juguete que yo quería, y me dijo muy enojado: "¡Cambia esa cara! ¡No te quiero ver esa cara fea!"

—¿Y tú que hiciste? —le pregunté.

—¡Le dije que no sabía hacer otra cara diferente!

—Bien, aquí te puedes sentir triste. ¡Yo puedo soportar tu tristeza! —le dije, dándole permiso para que expresase en su rostro la tristeza del corazón.

—¿Puedo hacerlo? —me preguntó.

—¡Puedes! —confirmé.

—Qué bueno. Entonces me voy a recostar un poquito sobre aquella almohada y quedarme bien quietita.

Y ella fue, se acostó y se encogió, como si buscara amparo en posición fetal por no tener la muñeca que tanto quería. Después de algunos minutos, Karol se levantó y fue a hacer otra cosa.

Los familiares deberían amparar y aceptar al pariente deprimido. Pero, lamentablemente, en la mayoría de los casos ocurre lo contrario. Los familiares, aun aquellos que están más preparados, se cansan y abandonan a la persona. Pero cuando estemos cansados, podemos decirle a la persona deprimida que en ese momento no tenemos fuerzas, porque también necesitamos descanso y tranquilidad. Es mejor que seamos sinceros cuando llegamos a nuestro límite, que intentar prestar ayuda o apoyo irritados, porque iremos más allá de nuestra disposición para hacerlo.

El toque terapéutico

Cuando nací, mis padres vivían en una región rodeada de varias colonias de japoneses que en esa época emigraban al Brasil en grandes cantidades. Las mujeres japonesas llevaban a su bebé atado en la espalda, en una especia de mochila que dejaba al pequeño bien cómodo, y daba libertad a su madre para que hiciese los quehaceres mientras lo cargaba, hasta los 2 años de edad. Mi madre aprendió de ellas y le gustó esa costumbre; como ayudaba a mi padre en la cosecha, también me cargaba de esa forma en sus espaldas, hasta que llegó mi hermana, que nació un año y siete meses después que yo. Hoy conozco la importancia del contacto del calor de la piel humana del bebé con el adulto, y sé cuánto me benefició realmente, aun sin que mi madre supiese bien lo que hacía.

Pienso que por causa de esa experiencia de pasar tanto tiempo en contacto con el calor y la piel de la espalda de mi madre, nunca tuve dificultad con el contacto y el toque físico. Sin embargo, en mi formación cristiana evangélica aprendí desde temprano que era peligroso tocar. Aprendí a convivir privándome de tocar, aunque tuviese ganas y sintiese la falta de la aproximación física con las personas que me gustaban y con quienes convivía. Me torné un poco árida y seca con mis contactos; era como una forma de protegerme por la falta que sentía. Pasé años sin disfrutar de dar y recibir cariño por medio del contacto físico con las personas, fuera del círculo de mis hijos y mi marido. Hasta que en el último año de la facultad de psicología, mientras hacía un trabajo sobre la piel y el tocar, descubrí cómo me había bloqueado a todo lo bueno de tener y de dar, simplemente porque había algún peligro.

Hoy comprendo los peligros del contacto físico. Actualmente muchas personas confunden un toque afectivo o un toque terapéutico, con un toque erótico de carácter sexual. No son capaces de separar el afecto y el cariño físico de la insinuación sexual. En estos casos es muy posible que la persona confunda la relación cuando recibe el toque físico como una expresión de cariño. Si quien está del otro lado al ofrecer el toque no sabe lidiar con la confusión del otro, es posible que haya una atracción física y hasta un vínculo que les podrá traer consecuencias dolorosas, especialmente cuando se trata de personas ya comprometidas o casadas, porque esas relaciones tienen más probabilidad de terminar en frustraciones.

El bien que proviene del contacto piel con piel de los seres humanos, es mucho mayor que otros peligros posibles. Lo que necesitamos es aprender a identificar y lidiar con el peligro, para después poder disfrutar del efecto terapéutico y restaurador que existe en el toque. Cuando me consultan sobre este asunto, siempre cito el ejemplo de la cantidad de cirugías cardíacas en que el paciente fallece. Sin embargo, los médicos no desisten de hacer una cirugía por el hecho de que una u otra termine en fracaso. Es justamente durante los años de estudio cuando uno se priva del contacto físico puramente afectivo y se confunde la capacidad de la persona de distinguir las diferentes formas de tocar, y muchas veces bloquean condiciones favorables para dar y para recibir ese contacto.

Por mucho tiempo, el psicoanálisis sancionó con rigor cualquier tipo de aproximación física en un contexto terapéutico, al entenderse que el gesto del profesional de suplir una carencia afectiva podría bloquear la evolución de la persona en adaptarse a la falta de afecto en su vida, o impedirle tratar de suplir sus necesidades con las personas con las que convive. Y algunos psicólogos acatan rigurosamente esa idea —y todavía exageran— cuando ni siquiera extienden la mano para saludar a la persona que atienden.

Ashley Montagu, antropólogo y humanista inglés, hizo un trabajo excelente de investigación sobre la importancia del toque físico entre los humanos. Para él, la vivencia de las experiencias táctiles en las relaciones puede ser muy beneficiosa para la rehumanización. Montagu dice que algunos animales se expresan usando todos los órganos de los sentidos, una cosa que es muy difícil que suceda en la comunicación humana. Hicimos todo un cambio en la comunicación al cambiar toda la riqueza de los sentidos por el discurso seco y sin alma. Según él, "nos tornamos prisioneros de un mundo de palabras impersonales, sin toque, sin sabor y sin gusto".[125]

Como consecuencia, lo que tenemos es un mundo árido, seco e impersonal. El hablar no es parte de los sentidos, y en ocasiones hasta funciona como una barrera que impide aproximarse a la experiencia de sentir. Estoy de acuerdo con Montagu cuando afirma que el lenguaje de los sentidos es la comunicación que tiene poder para socializar, que da valor al otro como persona, y profundiza así la comprensión y la interacción. El toque nos aproxima y restaura, es el lenguaje principal de los sentidos: "Lo que transmitimos por medio del toque constituye el medio más poderoso para crear las relaciones humanas, como fundamento de la experiencia".[126]

Una vez fui con la gente de "Madrugada con cariño"[f] a dar abrigos y alimentos a la gente que vive en la calle, deambulando por el viejo centro de San Pablo. Allí encontré a un jovencito de pocos años de edad que no tenía familia, o por lo menos no sabía adónde estaba. Se drogaba para soportar el hambre, el frío y otras carencias que pasa alguien que vive en esa situación. Era una especie de guía que le indicaba a nuestro grupo dónde encontrar más chicos o chicas hambrientos. Me di cuenta, tal vez por causa de mí oído psicológico, que en el grupo no se preocuparon mucho en dirigirse a las personas por su nombre. El tratamiento usado era "tío", "tía", "joven".

Resolví tratar al joven de una forma distinta. Le pregunté cómo se llamaba y solo me dirigí a él llamándolo por su nombre:

---

f. Es un trabajo que realiza un grupo de personas de la Iglesia Bautista de Morumbí en las madrugadas; ofrecen alimentos y vestidos a los que viven en la calle y orientan a aquellos que muestran interés en cambiar de vida.

José Luis. Dio resultado. Empezó a quedarse todo el tiempo a mi lado; mientras esperábamos al grupo de hermanos para ir hacia otro lugar, me senté en la vereda y rapidito se sentó a mi lado. Le tomé la mano y escuché lo que me quería contar, que eran las dificultades que un niño pasa cuando es abandonado, el azar de los que viven en la calle. José Luis no se fue más de mi lado y cuando yo lo soltaba por algún motivo, apenas podía me tomaba nuevamente la mano.

No pude volver a ese trabajo, pero una amiga me contó que varias veces José Luis preguntó por "la tía que tenía capucha", refiriéndose a un gabán que yo usaba.

Lamentablemente, en aquella época no tenía nada para ofrecerle. Él tampoco manifestaba interés en salir de la calle. Pero hasta hoy me pregunto si José Luis habría cambiado de idea en el caso de que alguien le hubiese podido dar atención especial y orientación junto al cariño físico.

Montagu va más lejos todavía, al considerar que muchas veces la obsesión por sexo y la búsqueda frenética de una relación sexual en el mundo occidental no es nada más que una búsqueda de contacto físico. En la relación sexual está el mayor contacto posible de piel con piel. Él cita parte de la biografía de Janis Joplin, cantante estadounidense de los años sesenta, que fue reconocida como la mejor cantante blanca de *blues*. Se la identifica como a alguien con una personalidad inestable, lo que hoy sería diagnosticado como una disfunción bipolar, o sea, con cambios repentinos del humor; en un momento, mucha alegría y en otro, profunda tristeza:

> A pesar de sus 20 de edad, aún era como una niña enojada y ansiosa, que quiere y precisa de aquel tipo de amor completo del abrazo físico; en el sexo, de alguna manera existía un sinónimo válido para lo que ella buscaba. No era amor como lo busca un adulto; no había reparto, no había intereses, compromiso,

entrega, ninguna de esas cosas. En su hambre de afecto, prácticamente enloquecía. Su búsqueda constante de contacto físico mostraba sus anhelos infantiles y la frustración de que satisfacer esa necesidad jamás impedía que se le produjera una ansiedad insoportable. En este sentido, el sexo era su paliativo, una fuga de la tensión que no podía soportar; por eso el alivio sexual para ella era de suma importancia, insustituible.[127]

Es un engaño terrible creer que tener relaciones sexuales suple la falta del contacto físico cariñoso. Y parece que Janis Joplin cometió ese error; mientras vivió, se desesperaba cada vez más, hasta morir por consecuencia de una sobredosis a los 27 años.

—No quiero tener una relación sexual. Sólo quiero cariño y abrazos. Pero todos me quieren llevar a la cama enseguida que me conocen —me dijo una joven de 21 años, que cambiaba constantemente de pareja, todos mucho más viejos que ella.

Creo que el lector ya adivinó el motivo para que Margó buscara ayuda en la psicoterapia: las constantes depresiones que sufría. Felizmente, se dio cuenta de que mientras practicaba sexo para suplir sus necesidades afectivas, solo conseguía aumentar su tristeza depresiva.

Lo que más la ayudó, según ella, fue aceptar el dolor de la privación sufrida. Al aceptar su tristeza por la falta de cariño, comenzó a buscar personas y lugares donde podía encontrar un poco de contacto físico del que tanto precisaba, sin terminar en una relación sexual.

No puedo dejar de citar aquí el ejemplo de Jesucristo, que no se equivocó al recibir y dar el toque físico, aun en situaciones en las que el contacto físico estaba prohibido por las leyes judaicas, como en el caso de tocar a un hombre leproso o de aceptar el toque de la mujer que llevaba doce años con una hemorragia. También lo permitió en situaciones en que podría haber una interpretación equivocada de su conducta. Y la hubo.

En el relato de Lucas, cuando el Señor aceptó la invitación para cenar en la casa de un religioso llamado Simón, una prostituta entró en el recinto adonde la cena iba a ser servida y, llorando, empezó a mojar los pies de Jesús con sus lágrimas. Después los secó con sus cabellos, los besó y los ungió con perfume.[128] El dueño de la casa, al ver esta escena, pensó: *"Si este hombre fuera profeta, sabría quién es la que lo está tocando, y qué clase de mujer es: una pecadora".* [129] Jesús, en su omnisciencia, supo lo que pensaba y consideró la actitud de la mujer mejor que la actitud de Simón. Jesús sintió en aquel toque un gesto de amor, una ofrenda de gratitud y de reconocimiento por lo que Él era. Simón no sabía la diferencia. Para él, todo lo que viniese de esa mujer tenía un aire sexual, y solo podía verla como una pecadora. Cristo, sin embargo, vio en ella a un ser humano y reconoció su toque como un regalo de afecto de un corazón agradecido.

Cristo también aceptó tocar a los niños; los tomó en su regazo y, tocándolos, en la cabeza, los bendijo. Dejó que Juan reclinase la cabeza sobre su pecho en una actitud de intimidad. Le tocó los ojos a un ciego y los oídos a un sordo. En fin, para Cristo el contacto físico era parte de lo cotidiano.

Klüber-Ross relata su experiencia cuando estuvo internada, para dar un ejemplo de la necesidad agudizada del contacto físico que tiene un niño:

Antes yo no tenía tanta seguridad. No soportaba a la médica. La culpaba por no permitir que mis padres se me acercasen, porque solo podían quedarse del otro lado del vidrio. Me miraban desde afuera, mientras que yo precisaba desesperadamente de un abrazo. Quería oír su voz, quería sentir el calor de la piel de mis padres, y oír a mis hermanas y a mi hermano reírse. En vez de eso, mis padres apoyaban sus rostros en el vidrio. Me mostraban los dibujos que me mandaban mis hermanas, sonreían, me hacían señas; y sus visitas no eran más que eso mientras estuve en el hospital. Mi único placer era arrancar la piel muerta de mis labios quemados. Era bueno e irritaba mucho a la médica. Ella siempre me pegaba en la mano, me amenazaba que iba a atarme los brazos e inmovilizarme si no paraba. Rebelde y aburrida, yo seguía. Sin embargo, un día, después de que mis padres salieron, la médica insensible entró a mi cuarto, vio mis labios sangrando y me ató los brazos a la cama, para que yo no me llevase las manos a la boca. Y ahí usé los dientes. Los labios me sangraban sin parar. La médica no me soportaba porque pensaba que yo era una niña caprichosa y desobediente. Pero yo no era nada de eso. Era una niña enferma y sola que ansiaba el calor humano. Tenía la costumbre de refregarme los pies y las piernas unos con otros, para sentir el calor reconfortante de la piel humana.[130]

Termina ese relato de su libro reconociendo que su cura en gran parte se completó después de que fue a su casa, donde recibió los cuidados y el calor de la presencia física.

Una persona deprimida, principalmente si es un niño, precisa y desea ser tocada, aunque no lo demuestre. Por lo general, alguien que está en una tristeza profunda se siente apático y tiene mucha dificultad en pedir algo que necesita. A veces ni se da cuenta de que existe alguna cosa que le pueda ayudar. Cabe a los que están con él ser sensibles y sagradamente ofrecer un poco de calor humano a través del toque físico, siempre respetando los límites de la persona. Puede ser el toque suave de una mano o del brazo, una caricia en la cabeza, un abrazo, cualquier señal que demuestre que estamos ahí y nos importa realmente.

Una alerta. El toque físico, como cualquier otra cosa que tenemos para ofrecer a una persona, debe ser hecho espontáneamente y con sinceridad. Es necesario sentir el deseo de hacerlo y estar totalmente presente en el gesto, tomando contacto con la temperatura, la textura, la intensidad de la humedad y los posibles mensajes que la persona tocada transmite al recibir el afecto, al mismo tiempo que se intenta también transmitir a aquel cuerpo los anhelos del corazón. Lo que hacemos solo como regla o como técnica puede provocar hasta un efecto contrario. Es posible tocar físicamente a un hijo, a una compañera o a alguien que busca ayuda sin decir nada. O peor aun, comunicar ausencia o desinterés. Lo que puede ayudar por medio del toque terapéutico es estar presente, como un ser vivo. Cuando tocamos a alguien, necesitamos recordar que el cuerpo, sea de quien sea y como esté, es sagrado y requiere reverencia. En el cristianismo, el cuerpo es visto como una morada de Dios, en la persona del Espíritu Santo.

El toque terapéutico puede ayudar en la depresión cuando hay necesidad de él. Es un pedido que viene del corazón abatido y deprimido y encuentra respuesta en un corazón sensible, auténtico, disponible y amoroso.

La depresión que no pasa

La depresión que no pasa es aquella que ya es parte de la manera de ser de la persona por causa de su personalidad o por causa de hechos extremadamente tristes en su historia.

Es el caso de un amigo, Antonio, que perdió a su único hijo de 21 años, muy querido y compañero, en un accidente de tránsito. Un camión venía en contramano y chocó de frente el auto conducido por el muchacho, que murió instantáneamente. Quince años después, lo encontré en una fiesta, y noté la tristeza estampada en su rostro.

—¿Cómo te encuentras?

Con los ojos llenos de lágrimas, me respondió:

—Voy a las fiestas, me alegro con las cosas alegres, pero la tristeza continúa en mi corazón. Hay una falta irreparable. Todos quieren que yo vuelva a ser como antes, pero no hay manera.

Antonio se tornó más quieto, más callado y más reflexivo, y muchos de sus amigos tuvieron dificultad para aceptarlo. Pero otros siguen fieles, porque entendieron que el amor de Antonio por sus amigos no cambió, que solo está triste por la pérdida de su hijo, un acontecimiento que lo golpeó profundamente, y lo hizo depresivo.

De la misma forma que vemos a personas carismáticas, que expresan una alegría contagiosa, también vemos a personas más introspectivas, que invitan a sus interlocutores a la reflexión. El mundo necesita de personas así. Tanto el arte, como cualquier creación que exija introspección, precisan de personas que no se asusten con la tristeza depresiva, que de cierta manera ya hicieron las paces con la depresión que no pasa. Son personas silenciosas, poco sociables, de pocas relaciones, pero también fieles a las amistades que construyen; que no les gusta ser expuestas; aparecen poco, pero dejan como herencia producciones que se eternizan en el mundo de la pintura, de la música, del teatro, de la literatura.

Por lo general, es difícil convivir con personas así. Es más fácil estar al lado del que ríe y nos hace gracia. Pero el que quiere ser una persona de verdad, necesita aprender también a disfrutar de la compañía de los entristecidos e introspectivos.

Lo que más necesitan esas personas es una familia y amigos que los acepten y respeten como son; que no traten de cambiarlos o conformarlos de acuerdo con lo que los demás esperan, para que parezcan mejores y más simpáticos. Esas personas necesitan sentirse amadas y amparadas por aquellos que forman parte de su círculo. Y lo más importante es que esas personas necesitan valorizarse y gustarse de la forma en que son, independientemente de cómo pueden ser vistas en el ambiente en que viven.

Podemos reír mucho con alguien que es gracioso y reparte sonrisas, pero también necesitamos de aquellos que consiguen entrar en un profundo contacto con su ser, muchas veces tristón, pero que nos conducen a las riquezas del centro de nuestra alma.

Depresión y
Espiritualidad

Las personas buscan cada vez más desplegar la espiritualidad; es una de las facetas de la dimensión humana. La espiritualidad está ligada a la religiosidad, pero es posible ser religiosos sin desplegar espiritualidad. La religiosidad se relaciona con las prácticas religiosas y con la cultura, un objeto de la propia fe. La espiritualidad trasciende a la comprensión humana, y está más allá de la lógica y de la razón.

Creo que una charla que puede ilustrar muy bien lo que es espiritualidad es el diálogo de Cristo y Nicodemo.[131] Jesús le dice a Nicodemo que necesita nacer nuevamente, pero él no lo entiende, ya que es imposible volver al vientre de su madre. Entonces, Cristo le aclara que lo que necesita es nacer del agua y del Espíritu. Para ser más claro, Cristo compara el nacer espiritualmente con el viento, que sabemos que existe, sentimos su movimiento en la piel, vemos su acción en los árboles y en la naturaleza, pero no podemos verlo, ni sabemos para dónde va o de dónde viene.

Espiritualidad es eso. Existe, podemos sentirla y hasta ver algunas de sus marcas, pero no tenemos cómo medirla, cómo comprenderla y, mucho menos cómo probarla.

Pablo, que se convirtió del judaísmo al cristianismo, sabía sobre la muerte espiritual de los humanos. En su perspectiva cristiana asocia esa muerte a las transgresiones y a una vida de obediencia a los pensamientos y deseos de la naturaleza humana; lo menciona en una carta a los efesios. Pablo entiende que la bondad y la misericordia de Dios hace que en Cristo Jesús podamos vivir esa espiritualidad.

En otro tiempo ustedes estaban muertos en sus transgresiones y pe-
cados, en los cuales andaban conforme a los poderes de este mundo.
Se conducían según el que gobierna las tinieblas, según el espíritu
que ahora ejerce su poder en los que viven en la desobediencia.
En ese tiempo también todos nosotros vivíamos como ellos, impul-
sados por nuestros deseos pecaminosos, siguiendo nuestra propia
voluntad y nuestros propósitos. Como los demás, éramos por natu-
raleza objeto de la ira de Dios. Pero Dios, que es rico en misericor-
dia, por su gran amor por nosotros, nos dio vida con Cristo, aun
cuando estábamos muertos en pecados. ¡Por gracia ustedes han
sido salvados![132]

A mi modo de ver, el objeto de fe puede ser diferente; depende de quién es la persona y de lo que ella conoce y escogió para
el desenvolvimiento de su espiritualidad. En el caso de Pablo y
de los cristianos, la invitación para desarrollar la espiritualidad es
experimentar los misterios de la fe en Cristo Jesús.

Reconozco, sin embargo, que algunas personas pueden desplegar su espiritualidad sin ejercitar la fe cristiana.

Los cristianos y la depresión

Fe es ir más allá de lo que puede ser explicado racionalmente.
La fe traspasa los límites concretos de la experiencia. Es con los
ojos de la fe que podemos ver que algo material y objetivo llega a
suplir alguna necesidad del alma, que es subjetiva. El libro bíblico
de Hebreos define la fe: *"...es la garantía de lo que se espera, la cer-*
teza de lo que no se ve."[133]

Recuerdo el sufrimiento de una joven que lloraba desconsoladamente después de haber recibido la noticia del resultado negativo de sus exámenes de embarazo. El tratamiento de un embarazo
in vitro había fallado; el óvulo fecundado que fue colocado en el
útero de Thamis no evolucionó. El equipo médico del país en el que

estaba se entristeció profundamente, pero la verdad cruel y cruda era que ella no estaba embarazada del bebé que tanto deseaba.

Thamys y el marido fueron a caminar juntos en un parque al lado del hospital. Ella lloraba sin parar y gemía. El tiempo pasó y ni se dio cuenta de que el cielo azul se había ennegrecido; los truenos y relámpagos anunciaban que una tempestad se aproximaba. Y en esa época del año no era muy normal que lloviese. Buscaron un refugio y pararon debajo de un kiosco, mientras que el cielo se venía abajo. De repente, Thamys comprendió que sus ojos lloraban y mojaban todo su rostro, pero el cielo también lloraba, y empapaba todo aquel lugar. Para ella fue como si Dios desde los cielos le dijese: "¡Yo entiendo tu dolor, y por eso lloro contigo en esta tarde! No estás sola, continúa creyendo en mí".

Para aquella joven, ese momento fue como si un ángel le hubiese enjugado sus lágrimas. Estaba en el pozo de una terrible frustración, pero tenía el consuelo del cielo en su corazón.

Como cristianos, tenemos permiso para entristecernos frente a las aflicciones. Cristo se sintió profundamente triste, y triste hasta la muerte.[134] Y fue Él mismo quien nos advirtió cuando oraba por sus discípulos y por nosotros, un rato antes de ser preso: *"En este mundo afrontarán aflicciones, pero ¡anímense! Yo he vencido al mundo"*.[135] Por tanto, tenemos la esperanza de que también venceremos, sea cual sea la aflicción que venga sobre nosotros.

Pedro, en la carta a los judíos que sufrían por ser perseguidos al convertirse en cristianos, les habla del sufrimiento, de las tristezas y de las aflicciones como una prueba de fuego que nos consume, pero que puede purificar nuestra fe, así como el oro es refinado por el fuego en altas temperaturas:

> *Esto es para ustedes motivo de gran alegría, a pesar de que hasta ahora han tenido que sufrir diversas pruebas por un tiempo. El oro, aunque perecedero, se acrisola al fuego. Así también la fe de ustedes, que vale mucho más que el oro, al ser acrisolada por las*

pruebas demostrará que es digna de aprobación, gloria y honor
cuando Jesucristo se revele.[136]

La carta a los Hebreos nos aclara que Cristo, como autor de
nuestra redención, fue perfeccionado a través del sufrimiento. El
sufrimiento que nos hace mal es aquel en que nos condenamos
a nosotros mismos. O porque todavía no nos perdonamos por
alguna falla por la cual nos sentimos culpables, o por el simple
hecho de que tenemos placer —puro y simple placer— en sufrir,
porque asociamos dolor a placer. El sufrimiento que hace mal es la
autocondenación, porque la culpa ya fue expiada por la muerte de
Cristo. Condenarse es no valorizar el sacrificio redentor de Jesús.

Tristeza y culpa

Pablo, al referirse a la tristeza en la primera carta que les escribió a los cristianos de Corinto, hizo una división didáctica de la
tristeza: la tristeza según Dios y la tristeza del mundo. Para él, la
tristeza según Dios era buena, porque producía arrepentimiento
para salvación; pero la tristeza del mundo producía muerte. Dijo
que se alegraba, porque la tristeza que los corintios atravesaban
era una tristeza positiva, que los llevaría al arrepentimiento.[137]

En las depresiones podemos evaluar y verificar si la aflicción
por la cual pasamos es solo la culpa, que funciona como una alerta
para un cambio de vida, de rumbos, de actitudes y de comportamientos, a fin de abandonar viejos y viciados caminos y con coraje
iniciar la aventura de andar nuevos senderos.

La culpa pesa y nos aplasta. El rey David conocía ese peso,
y registró sus sensaciones en una poesía, que se tornó un salmo bíblico: "*Mis maldades me abruman; son una carga demasiado*
pesada".[138]

La culpa solo nos beneficia cuando es una guía para un nuevo camino. Fuera de eso es maligna, diabólica y solo sirve para

destruirnos y desviarnos de nuestra verdadera esencia. Dice el autor de Proverbios que una persona que carga culpa *"será un fugitivo hasta la muerte"*.[139] La culpa lleva a la persona a vivir una vida lejos de su potencial; todo lo que hace es movido por ella, y no por el amor. Es posible que mucha caridad sea hecha más como una forma de reparar una culpa no resuelta que por amor genuino y desinteresado. Y La Biblia nos advierte que podemos hasta quemar nuestro cuerpo en favor de alguien, pero si no fuese por amor, no tendremos ningún mérito para Dios.[140] La persona que recibió la ofrenda puede ser beneficiada, pero Dios sabe la verdadera intención de quien la dio.

El remedio para la culpa

Como cristianos, somos invitados a confesar nuestras culpas y nuestras transgresiones a Dios y a los hombres. Confesar a Dios es más fácil que confesar a quien ofendimos o creemos que ofendimos. Juan, el más íntimo de los discípulos de Jesús, habla de la confesión a Dios: *"Si confesamos nuestros pecados, Dios, que es fiel y justo, nos los perdonará y nos limpiará de toda maldad."*[141]

Santiago, que tenía un parentesco con Jesús, también nos habla en su carta de confesarnos uno al otro: *"Por eso, confiésense unos a otros sus pecados, y oren unos por otros, para que sean sanados".*[142] Y Pablo, tanto en la carta a los Colosenses como en la carta a los cristianos de Éfeso, también les aconseja que se confiesen mutuamente, porque es más fácil desarrollar un espíritu perdonador cuando el ofensor reconoce, asume y confiesa sus ofensas, fundamentadas o no.

Cuando vemos nuestros errores uno por uno, cuando los reconocemos en nuestro corazón, cuando expresamos con nuestra boca que Cristo vino para redimirnos y rescatarnos, no hay razón para que permanezcamos prisioneros por cadenas de culpa. Cualquier prisión se puede volver cadenas que nos ponemos nosotros mismos porque no sabemos vivir libres. Cualquier error, pecado o trasgresión fueron expiados en la sangre inocente derramada en la muerte que sufrió Cristo. No necesitamos hacer o dejar de hacer nada, solo aceptar el precio que fue pagado y disfrutar de la presencia divina vivificadora de Dios en nosotros, por medio de su Espíritu Santo.

Es importante que descendamos a los subsuelos sucios y pútridos, en lo más profundo de nuestro ser, y saquemos de ahí toda la suciedad alojada. A la luz de la confesión, la culpa será totalmente deshecha y entonces, con exaltación y alegría, podremos atravesar las puertas de nuestra miseria humana para dirigirnos a la sala de estar de la presencia restauradora y libertadora de Cristo, y disfrutar de su cuidado, belleza y amparo.

Placer y sufrimiento

En la carta a los Hebreos[143] vemos que Jesucristo fue perfeccionado por medio del sufrimiento. Él nunca buscó torturarse a sí mismo, solo vivió con valentía, aun en las horas más oscuras, lo que el Padre le había reservado. Entonces en Cristo tenemos el modelo para no huir ni negar nuestra realidad, sea cual sea, porque tendremos su compañía en la senda del sufrimiento que nos permite crecer y ¡nos hace más humanos!

No es muy difícil encontrar personas que no aprendieron a disfrutar del placer. Son personas que recibieron tantos disgustos en la vida que creen que sentir placer es peligroso, e intentan evitarlo. Incluso es posible sentir placer en el dolor.

Aprovechar las noches oscuras de la depresión para aumentar la comprensión de uno y de los otros es totalmente saludable y beneficioso. Transitar el sufrimiento de la depresión —o cualquier otro— buscando alguna ventaja o algún placer es muy empobrecedor. Todavía recuerdo el susto que se llevó Margó el día que le dije:

—Margó, puedo estar disponible para ti, pero cuando no estés tan mal.

—¿En serio? —respondió abriendo los ojos, como espantada, y siguió —Pensé que la psicoterapia era solo para cuando la persona está desesperada.

—Aprender a buscar y a disfrutar los placeres también es terapéutico —respondí.

La intervención de Cristo en tres procesos depresivos

Hay tres situaciones en la vida de Jesucristo que quiero destacar. Son situaciones donde interviene amparando, consolando y haciéndose presente en la hora de la tristeza, de la duda, del desaliento y de la postración.

La primera situación fue con Juan el Bautista, el primo amado de Cristo, de quien dice: *"Les aseguro que entre los mortales no se ha levantado nadie más grande que Juan el Bautista...".*[144] Bien, Juan estaba preso porque había denunciado el comportamiento detestable de Herodes, al haber tomado para sí a la mujer de Felipe, su propio hermano. En la prisión, Juan tuvo una crisis de duda, que es uno de los síntomas de la depresión. No es difícil imaginarse que Juan estuviese deprimido. Imagino que presentía que no saldría vivo de la prisión y que su fin sería la muerte. Juan empezó a dudar de que Jesús fuese realmente el Cristo, el Mesías prometido. Llamó a dos de sus discípulos y los envió hasta Jesús, para aclarar sus dudas.

Jesús, al oír la pregunta que mostraba la duda de Juan, hizo algunos milagros frente a los mensajeros y les dijo que volvieran y le contaran todo lo que vieron. Jesús no condenó la duda de Juan, al contrario, realizó una serie de milagros que le sirvieron de prueba. Me imagino que aquellos discípulos volvieron a Juan y le dijeron: "¡Él es el Cristo; los ciegos ven, los cojos andan, los leprosos son limpios, los sordos oyen y los muertos resucitan!".

Es muy probable que Juan haya seguido sin entender por qué estaba preso injustamente, pero en mi opinión nunca más dudó de que Jesús fuera el Cristo.

La segunda historia es el relato de los dos seguidores de Cristo que iban por el camino a Emaús, que estaba a once kilómetros de Jerusalén. El médico Lucas nos informa que uno de ellos se llamaba Cleofas. Iban profundamente tristes y decepcionados, conversando sobre los últimos acontecimientos respecto de Jesús: sobre su prisión, crucifixión y muerte. Cristo se unió a ellos, y mientras caminaban les preguntó sobre qué asunto discutían. Se espantaron y respondieron que debía ser el único que no sabía lo que le había ocurrido a Jesús de Nazaret, preso y condenado a muerte, crucificado en el calvario; que Jesús era el esperado como el redentor de Israel, pero ahora estaba muerto. Seguramente habían estado entre lo que oyeron a las mujeres decir que Cristo estaba vivo, y sabían que realmente la tumba estaba vacía, aunque aún nadie lo había visto.

Puedo imaginarme la sensación de desamparo y de desánimo que sobrevino sobre aquellos que esperaban a un Cristo redentor, al ver que toda su esperanza se había desvanecido ante la muerte de Jesús.

Cristo, sin embargo, les recordó en el camino que los profetas ya habían dicho que Él padecería tales cosas y explicó Las Escrituras, hasta que llegaron a la entrada de Emaús. Como empezaba a oscurecer, invitaron a aquel viajante desconocido a cenar y pasar la noche en la casa de uno de ellos. En el momento de dar las gracias y partir el pan, de alguna manera reconocieron que aquel hombre era el Cristo Jesús que resucitó de los muertos. Y entonces uno le dijo al otro: "*¿No ardía nuestro corazón mientras conversaba con nosotros en el camino y nos explicaba las Escrituras?*".[145]

Frente a la frustración, la tristeza y las esperanzas desvanecidas, Cristo, les esclareció La Palabra escrita, les hizo compañía y confortó el corazón de aquellos dos hombres. Y lo que más nos entusiasma en esta historia es que, aun después de haber caminado once kilómetros, cuando se terminaba el día, se llenaron de ánimo y volvieron inmediatamente a Jerusalén, donde se encontraron con los discípulos de Jesús y les dieron la noticia de que realmente había resucitado y estaba vivo. Y el propio Cristo apareció entre ellos, para probar que sus palabras eran verdaderas.[146]

La tercera historia habla de una fiel amiga y seguidora: María, que vivía en Magdala, y que conocemos como María Magdalena. Creo que María Magdalena fue la persona que más sintió la muerte y la crucifixión de Cristo. Por lo menos, fue la que más claramente expresó y manifestó su sufrimiento por la pérdida de Jesús. También fue la persona que más tiempo estuvo presente en la muerte, crucifixión y resurrección de Cristo; tanto Marcos como Mateo relatan que observaba desde lejos la crucifixión de Jesús en el calvario, aún después que todos se habían ido. Después de la muerte de Cristo, María Magdalena continuó mirando para ver lo que ocurría. El médico Lucas dice que ella vio cuando José de Arimatea sacó el cuerpo de Cristo del madero y lo depositó en la tumba que le pertenecía. Mateo también nos cuenta que se quedó allí sentada frente a la tumba, para ver hasta el fin lo que se haría con el cuerpo de Cristo. Y se fue después de que todos habían partido.

Pasó el sábado. El domingo temprano, nuevamente volvió a la tumba, esta vez para terminar los servicios fúnebres. María Magdalena y la otra María —probablemente la madre de Jesús— venían preocupadas, pensando cómo harían para mover la piedra que estaba en la entrada del sepulcro. Pero al llegar vieron que la piedra había sido movida y que la tumba a donde habían puesto a Cristo estaba vacía. María Magdalena volvió y le avisó a Pedro y a Juan que el cuerpo no estaba. Ellos fueron hasta el sepulcro, lo constataron y enseguida volvieron para su casa.

María Magdalena continuó en la entrada de la tumba, llorando desconsoladamente. Tenía todas las razones del mundo para desesperarse y, como es normal en los casos de luto cuando se pierde a una persona querida, entristecerse, deprimirse, para después caer en la realidad de la propia existencia. Pero esta vez, antes de que la posible depresión llegase, o mejor, antes de entrar en una desesperación total, tuvo un encuentro que cambió por completo el curso de sus emociones y de su comportamiento. Vio a un hombre de pie que le preguntó por qué lloraba y a quién buscaba. Al pensar que era el jardinero, le respondió con otra pregunta: quería saber si él se había llevado el cuerpo de Cristo y a dónde lo había puesto, porque quería cuidarlo. En ese momento, Cristo la llamó usando una expresión especial, y entonces María Magdalena lo reconoció: era su querido Maestro. Jesús no le permitió que lo retuviese, pero le encargó la misión de anunciar que Él estaba vivo y que volvía al Padre. María buscaba a un cadáver, y se encontró con un Cristo resucitado, que cambió toda su tristeza, su dolor y su llanto en una noble misión. Tal vez la más noble de la faz de la Tierra: anunciar que Cristo no quedó preso en las garras de la muerte, sino que resucitó y vive para siempre.

Creo que en los procesos de depresión existe la tendencia a buscar ambientes mórbidos y charlas sombrías. María Magdalena se olvidó de todas las promesas que Cristo le había hecho de que resucitaría y viviría, y fue al lugar donde estaban los muertos, buscando un cadáver. Sin embargo Cristo estaba y está vivo, y quiere darle a cada persona un mensaje de vida y no de muerte.

En esos tres episodios podemos notar ciertos síntomas en los personajes, que los hubieran llevado probablemente a hundirse en la depresión, de no haber sido por la intervención activa y rápida de Jesucristo.

Juan el Bautista mostró dificultad para creer, y dudó de aquello que sabía que era verdadero; Cristo simplemente renovó su confianza al permitir que los discípulos de Juan viesen más milagros en la vida de las personas.

Cleofas y el amigo estaban tristes y frustrados; Cristo vino y los reanimó, al refrescar sus corazones con su presencia y la renovación de sus promesas.

María Magdalena estaba tan desolada que solo se conformaba con encontrar el cuerpo muerto de Cristo; pero Él se le apareció vivo y le dio la noble tarea que hizo de ella una mujer cuya historia será contada por toda la eternidad: fue la primera en contar que Cristo estaba vivo. ¡Tuvo un encuentro con Él!

El mejor lugar para un cristiano que se encuentra en medio de los sufrimientos de la depresión es en la compañía de Cristo, que dejó la tumba y vive para siempre. Nosotros somos llamados a declarar y a confesar todas nuestras ansiedades, tristezas, decepciones y otros dolores en oración:

> *No se inquieten por nada; más bien, en toda ocasión, con oración*
> *y ruego, presenten sus peticiones a Dios y denle gracias. Y la paz de*
> *Dios, que sobrepasa todo entendimiento, cuidará sus corazones y sus*
> *pensamientos en Cristo Jesús.* [147]

Creo que Elías tuvo esa consciencia, porque aun en medio de una crisis de depresión aguda caminó hacia el monte Horeb, uno de los lugares donde Dios se manifestaba en el Antiguo Testamento (fue allí adonde Moisés recibió las tablas de la Ley). Elías, todavía sin fuerzas físicas, se dispuso a caminar hasta el monte Horeb. Y fue el mismo Dios quien le envió alimento sobrenaturalmente y un ángel lo reconfortó y animó para que caminase hasta aquel lugar, donde Dios le habló de una manera amorosa, a través de una brisa suave, y puso así fin al proceso de depresión, al recordarle las tareas importantes que estaban bajo su responsabilidad.

Cuando un cristiano me pide consejo sobre alguna lectura bíblica le indico el libro de Salmos, que considero el más indicado, porque en él están registrados los sentimientos de sus autores. Allí están escritos los relatos más profundos desde el alma de los hombres que vivieron alegrías, pero que también vivieron rabia, decepción, deseos de venganza y, principalmente, tristeza, llanto y luto. Y es en los Salmos donde también se renuevan nuestras esperanzas. El Salmo 30 es un buen ejemplo de lo bien que David se sentía después de haber salido de un período de abatimiento. Para cerrar este capítulo, transcribí un fragmento de este salmo, exactamente el quinto versículo:

Si por la noche hay llanto, por la mañana habrá gritos de alegría.

SACAR PROVECHO DE LA DEPRESIÓN

Estoy en la cima de una de las montañas de la ciudad de Campos de Jordán. Aprovechando el fin de año de 2006, salí unos días de vacaciones de las consultas para poder concluir este libro.

Desde aquí, sentada delante de la computadora portátil, puedo ver varios tonos de verde y muchas flores; y bien cerquita, junto a mi ventana, hay una maceta de madera con *Impatiens* multicolores, y de vez en cuando aparece un coliflor, que le da un toque de encanto a este lugar que llena mi corazón.

Al estar en medio de tanto verde y bellezas naturales como en este caso —aire puro, silencio, tranquilidad, un cielo azul clarísimo y mucho sol, con la ausencia total de polución— se hace muy difícil pensar que en este momento hay personas que solo pueden ver un cielo gris y tenebroso a su alrededor, porque están deprimidas. Mientras tanto, sé con seguridad que si yo no hubiese probado ya todo el peso de la melancolía y de la tristeza que penetra hasta lo más profundo del alma y postra al más valiente ser humano de la faz de la Tierra, no notaría la belleza espléndida que existe en cada detalle de la naturaleza, en el reino animal y en la dinámica humana.

¡Es la oscuridad de la noche la que prepara el corazón para recibir el brillo del sol por la mañana! La vida solo es bella y dichosa si la vivimos con toda intensidad, tanto lo bello y placentero, como lo feo y doloroso.

El mayor provecho que podemos sacar de los procesos de depresión es este: caminamos en nuestra noche oscura, en el valle tenebroso, pero cuando salgamos del otro lado seremos acogidos por un cálido sol.

Al saber que la tristeza depresiva es parte de las reacciones ante las pérdidas en el transcurso de la vida, debemos tener en cuenta:

- que cuando esta aparece, por lo general es un aviso de que la vida que teníamos hasta el momento sólo precisa de una transformación...
- que necesitamos adaptarnos a la nueva situación...
- o que precisamos de alguien que nos dé más cuidado y atención...
- que todos nosotros la tendremos un día, en mayor o menor grado...
- que los personajes bíblicos, que hoy tenemos como un ejemplo, pasaron por crisis de depresión y depresiones agudas...
- que hasta Cristo se entristeció profundamente, y sintió el gusto de la muerte en su tristeza...
- que el penetrar en la oscuridad tenebrosa del mundo doloroso de la depresión podrá agregar riqueza y tesoros indescriptibles a nuestra alma y vivencia...
- que llorar es un buen remedio para desatar nuestros nudos emocionales...
- que es legítimo y está permitido elegir, por un tiempo, quedarnos con nosotros mismos, asumiendo delante de los amigos, parientes y familia que estamos entristecidos...
- que aparte de la ayuda del médico y de los psicólogos, en situaciones que sean insoportables, podemos recurrir a la medicación...
- que existen personas que saben oírnos con empatía, acogernos, comprendernos y tocarnos con cariño cuando estamos deprimidos...

- que Dios no condena, ni recrimina al entristecido, sino que socorre y sustenta al corazón abatido y sin vigor...

Al saber todo esto, estemos seguros de que somos normales, y tengamos la esperanza de que podremos decir a nuestro Padre cuidadoso:

Convertiste mi lamento en danza; me quitaste la ropa de luto y me vestiste de fiesta...[148]

BIBLIOGRAFÍA

AGUIAR, Marcelo. *Cómo vencer el miedo*. San Pablo, Vida, 2003.

ALBOM, Mitch. *La última gran lección*. Río de Janeiro, GMT Editores, 1998.

ALVES, Rubem. *El regreso es tierno*. 16. ed. San Pablo: Papirus, 2000.
Si yo pudiera vivir mi vida normalmente. Campinas (SP), Verus, 2004.
Tempus Fugit. 8. ed. San Pablo, Paulus, 2005.

BLEICHMAR, Hugo. *Depresión: un estudio psicoanalítico*. Porto Alegre, Artes Médicas, 1982.

CARRENHO, Esther. *Rabia: su bien, su mal*. São Pablo: Vida, 2005.
Ressureição interior, San Pablo, Vida, 2004.

DIAS, Victor R.C.S. *Análisis psicodramatico teoría de programación sinestésica*. San Pablo, Ágora, 1994.

ESTÉS, Clarissa Pinkola. *Mujeres que corren con lobos*. Río de Janeiro, Rocco, 1997.

FELDMAN, Clara. *Encontro: Uma abordagem humanista*. Belo Horizonte, Crescer, 2004.

FUKS, Lucia Barbero & Ferraz, Flavio Carvalho (orgs.). *El síntoma y sus fases*. San Pablo, Escuta, 2006.

GRENZ, Staaley J. *Posmodernismo: una guía para entender la filosofía de nuestro tiempo*. San Pablo, Vida Nova, 1997.

HENDRIEKS, Howard G. *El otro lado de la montaña*. San Pablo, Mundo Cristiano, 2005.

HOUSTON, James. *Hambre del alma*. San Pablo, Abba, 2000.

HSU, Albert. *Superando a dor do suicidio*. San Pablo, Vida, 2003.

KEELEY, Robin. *Fundamentos de la teología cristiana*. San Pablo, Vida, 2000.

KEMP, Judith. *Depresión y gracia*. San Pablo, Vida, 2001.

KOVÁCS, María Júlia. *Morte e desenvolvimento humano*. San Pablo, Casa del Psicólogo, 1992.

KÜBLER-ROSS, Elisabeth. *La rueda de la Vida: memorias del vivir y del morir*. Rio de Janeiro: Sextante, 1998.

LAKE, Frank. *Clinical Theology* [Teología Clínica]. Londres, Darton, Longman and Todd, 1994.

LLOYD-JONES, D. Martín. *Del temor a la fe*. 5. ed. San Pablo, Vida, 1995.

LOWEN, Alexander. *El cuerpo en depresión*. 7. ed. San Pablo, Summus, 1983.

MARTINELLI, Tânia Alexandre. *Quiero ser bello*. San Pablo, Saraiva, 2003.

MONTAGU, Ashley. *Tocar: el significado humano de la piel*. 8. ed. San Pablo, Summus, 1988.

MOREIRA, Virginia & Slóan, Tod. *Personalidad, ideología y psicopatología crítica*. San Pablo, Escuta, 2002.

NASAR, Sylvia. *Una mente brillante*. Río de Janeiro, Record, 2002.

NOUWEN, Henri J. M. *La soledad, el silencio, la oración: Espiritualidad del desierto y sacerdocio contemporáneo*. Barcelona, Obelisco, 2002.

Crecer: los tres movimientos de la vida espiritual. San Pablo, Paulinas, 2000.

Envejecer: la plenitud de la vida. San Pablo, Paulinas, 2000.

Fuentes de la vida. Petrópolis (RJ), Voces, 1997.

Nuestra mayor dádiva: meditación sobre el morir y el cuidar. San Pablo, Loyola, 1997.

El sufrimiento que cura. San Pablo, Paulinas, 2001.

Ha cambiado mi lamento en danza. Tennessee, Caribe/Betania, 2006.

PECK, Scott M. *La trilla menos utilizada*. Río de Janeiro, Nova Era, 2004.

POUJOL, Jacques & Claire. *Manual de relacionamento de ajuda*. [Manual de la relación de ayuda] San Pablo, Vida Nova, 2006.

REEVE, Christopher. *Todo es posible*. Barcelona, El Aleph, 2003.

REMEN, Rachel Naomi. *Historias para crecer, recetas para sanar.* Madrid, Gaia, 2010.

ROGERS, Carl R. *Psicoterapia y relaciones humanas.* Madrid, Alfaguarai 1971.

Tornarse persona. 5. ed. San Pablo, Martins Fontes, 1997.

ROGERS, Carl R. & ROSEMBERG, Rachel L. *La persona como centro.* Barcelona, Herder, 1981.

ROSENBERG, Jocelyne Levy. [Lindos a morir] *Lindas de morir,* San Pablo, Celebris, 2004.

SANTOS, Antonio Monteiro dos; ROGERS, Carl R.; Bowen, María Constanza Villa Boas. *Cuando habla el corazón: la esencia de la psicoterapia centrada en la persona.* 2. ed. San Pablo, Vetor, 2004.

SELIGMAN, Martín E. P. *Indefensión. En la depresión, el desarrollo, la muerte.* Madrid, debate 1981.

SHEEHY, Gail, *Pasajes: Crisis previsibles en la vida adulta.* 15. ed. Río de Janeiro, Francisco Alves, 1991.

SILVA, Marco Aurélio Días da. *Quien ama no se enferma: el papel de las emociones en la prevención de la cura de enfermedades.* Río de Janeiro, Best Seller, 1994.

SOLOMON, Andrew. *El demonio de la depresión.* Madrid, Punto de lectura, 2003.

STINISSEN, Wilfriend. *Una noche clara como un día.* Burgos, Monte Carmelo, 2010.

THASE, Michael E. & LANG, Susan S. [*Sair da depressão: novos métodos para superar a distimia e a depressão branda crônica*] Salir de la depresión: nuevos métodos para superar la distimia y la depresión blanda crónica, Río de Janeiro, Imago, 2005.

TOURNIER, Paul. *La misión de la muje*r. Vinosa (MG): Ultimato, 2005.

Mitos y neurosis. San Pablo, Abu/Ultimato, 2002.

VIORST, Judith. *Pérdidas necesarias.* 29. ed. San Pablo, Mejoramientos, 2005.

Casamientos para toda la vida. San Pablo, Mejoramientos, 2004.

WHITE, Jerry & Marry. *Cristao na meia idade*. [El cristiano en la mediana edad]. 2. ed. Río de Janeiro, Juerp, 1991.

WHITE, John. *As máscaras da melancolia*. [Las mascaras de la melancolía]. San Pablo, ABU, 1987.

WINNICOTT, D.W. *Tudo começa em casa*. [Todo empieza en casa]. 4. ed. San Pablo, Martins Fontes, 2001.

Avacão e delinquência [Privación y delincuencia]. 3. ed. San Pablo, Martins Fontes, 1999.

WOLPERT, Lewis. *Tristeza maligna: a anatomia de depressão*. [Tristeza maligna: la anatomía de la depresión]. San Pablo, Martins Fontes, 2003.

XINRAN, Xue. *Nacer mujer en China,* Barcelona, Emece, 2007.

YANCEY, Philip & BRAND, Paul. *El don del dolor,* Miami, Vida, 2066.

NOTAS

¿Qué es la depresión?

1. La depresión es una de las experiencias más perturbadoras del ser. humano, Revista *Ultimato*, Número 269, marzo/abril.2001. Esta también disponible en: <http://www.ultimato.com. br/?pg=show_artigos&artigo=124&secMestre=277&sec=282&n um_edicao=269&palavra=depressão > Visitado el 13 de septiembre del 2006.

2. Depresión, el mal del siglo 21.Disponible en: http://saude.terra. com.br/interna/0,,O1616654-EI712,00.html > Visitado el 31 de mayo.2006.

3. Los aposentos vacíos de la depresión, revista *Viver* (*Mente y cerebro*) página 38. Mayo del 2006.

4. *DiaRío : A folha de S. Pablo*, 30 abril del 2006, cuaderno de empleos página 2.

5. Ídem

6. *Personalidad, ideología y psicopatológica crítica*, página 198.

7. SELIGMAN, Martín E. P. *Desamparo: sobre depresión, desenvolvimiento y muerte,,* página 76-7.

8. *Tristeza maligna*, página 39.

9. *Rabia su bien su mal*, página 60.

10. *Clinical Theology*, capítulo 3, página 43.

11. "El odio y la neblina", Revista *Viver* (*Mente y Cerebro*), Mayo del 2006, página 47.

12. In Robin Keeley, *Fundamentos de la teología Cristiana*, página 183.

13. 1 Juan 4:18.

14. Mateo 6:25-34.

15. V. *La depresión es una de las experiencias mas perturbadoras*, (comentaRío)
16. *Hacerse persona*, página 11.
17. *V. Psicopatía y relaciones humanas*, v 2, página 210.
18. Selecciones del Reader´s Diggest, agosto 2005, Pág. 111.
19. *V. Crecer*, Pág. 90.
20. Ídem
21. *Personalidad, ideología y psicopatía critica*, Pág. 198.
22. *La persona por tras del diagnóstico*. Disponible en: http://www. encontroacp.psc.br/diagnóstico.htm,Visitado el: 21 de abril del 2006.
23. "En defensa de mi derecho de ser triste", revista psicología en estudio, Vol. 2, numero3, página 42, 1997.
24. *La rueda de la vida*, página 125.
25. En entrevista personal cedida en agosto del 2006.
26. *Resurrección inteRío*, capítulo 1.
27. *Tempus fugit*, página 73.
28. *V. La senda menos recorrida*, página 68.
29. "Cambiar duele, no cambiar duele mucho", del álbum La lista, JAM Music, 2001.
30. *Pérdidas necesarias*.
31. *Ver, superar lo imposible*, página 44.
32. Isaías 53:5.
33. Efesios 2:4-5.
34. *La senda menos recorrida*, Pág. 62-3
35. Ídem
36. *Todo comienza en casa*, Pág. 59
37. Ídem
38. *El que ama no se enferma*, Pág., 151
39. *Todo comienza en casa*, Pág. 65
40. *Cuando habla el corazón*, capítulo VI
41. *Depresión, un estudio psicoanalítico*, Pág. 29
42. *El demonio del medio día*, Pág. 165

43. Riesgos de las drogas licitas. Ver en: www1.uol.com.br/vyaestelar/ drogas_licitas.htm
44. Ob. Cit., Pág. 209
45. Ídem
46. Depresión. En: www.roche.com.br/therapeutiAreas/sistema_ nervoso_central/depressao/doenca_PT,htm Leído el 12-12-06
47. Dicho por Albert Hsu, *Superando el dolor del suicidio*, Pág. 17
48. Ob. Cit., Pág. 38
49. Ídem Pág. 69

La depresión social y fisiológicamente

50. *Pasages*, Pág. 30
51. *Clinical Theology*, Pág.. 38
52. *Análisis sicodramática*, Pág. 76-77
53. *Las buenas mujeres de China*, Pág. 32
54. Periódico el Estado de S. Pablo. Cuaderno Vida 14.8.05
55. *V. El demonio del medio día*, Pág. 167,8
56. Ídem, Pág. 161
57. V. "Tristeza maternal" alcanza a 80% de las embarazadas. Ver: http://terramagazine.terra.com.br/ interna/0,,OI1016657-E6618,00.html. 23.5.03
58. Reportaje del 16.07.06
59. 1 Pedro 3:3-4
60. *Lindos de morrer*, Pág. 26-27
61. *A missão da mulher*, Pag 141.
62. Reportaje hecho para TV el 1.10.06 despúes de Riggoto perder las elecciones para gobernador
63. Andropausia. Ver: http://virtualpsy.locaweb.com.br/index. php?art=66&sec=16 Visto el 10.01.07
64. Depresión masculina. Ver http://pailegal.com.br/fatiss. asp?rvTextoId=-1105175405 visto el 21.11.06
65. *El demonio del medio día*, Pág. 165

66. Tocar, Pág. 372
67. *Salir de la depresión*, Pág. 202
68. *El otro lado de la montaña*, Pág. 15
69. *Envejecer*, Pág. 38
70. Oración hecha por una monja inglesa del siglo XVII, al llegar a la vejez, fue publicada por el periódico Jornal do Brasil, en el artículo de don Lucas Moreira Neves

La depresión en La Biblia

71. Juan 14:27
72. Mateo 23:4
73. Job 1-2
74. Job 19:2-4
75. Job 19:21
76. Job 21:2
77. Job 33:6-7
78. Job 42:7
79. Job 42:5
80. Números 11:13
81. Números 11:14
82. Números 11:11
83. Números 11:12
84. Números 11:15
85. Salmos 56:3
86. Salmos 31:9-13
87. 1 Reyes 18:46
88. 1 Reyes 19:3
89. 1 Reyes 19:3-4
90. 1 Reyes 19:4
91. 1 Reyes 19:4
92. Salmos 42:3
93. V. 1 Reyes 19:18

94. Juan 5:6
95. Juan 5:7
96. Conferencia ministrada en la escuela de la Iglesia Bautista en Morumbi, SP. Brasil el 12/02/04
97. V. Salmos 30:11
98. *Hambre del alma*, Pág. 174-5

Aceptar la depresión y al deprimido

99. 1 Samuel 1:7-10-16
100. V. 2 Reyes 20:1-5
101. V. Juan 11
102. V. Marcos 14:33-34
103. *La persona como centro*, Pág. 78
104. DiáRío: O Estado de San Paulo, 17/04/06, cuaderno A-9
105. *Personalidad, ideología y psicopatología crítica*, Pág. 196-7
106. In Lucia Barbero Fuks & Flávio Carvalho Ferraz (orgs.) El síntoma y sus fases, Pág.95
107. Ídem
108. *La rueda de la vida*, Pág. 127
109. Ídem
110. *Una mente brillante*, Pág. 410-1
111. *V. Encuentro*, Pág. 70
112. *La persona como centro*, Pág. 72
113. 1 Samuel 1:7-8
114. *El cristiano en la edad media*, Pág. 97
115. 1 Samuel 1:14
116. Romanos 15:7
117. V. Lucas 8:43-48
118. Santiago 1:19
119. Lucas 8:8
120. *El regreso es tierno*, Pág. 25
121. *El demonio del medio día*, Pág. 160

122. *Historias que curan*, Pág. 160

123. *La espiritualidad del desierto y el ministerío contemporáneo*, Pág. 53

124. Proverbios 12:25

125. Tocar, Pág. 18

126. Ídem, 19

127. Ídem, Pág. 208-9

128. Lucas 7:38

129. Lucas 7:31

130. Tocar, Pág. 31-2

Depresión y espiritualidad

131. V. Juan 3:1-21

132. Efesios 2:1-5

133. Hebreos 11:1

134. V. Marcos 14:34

135. Juan 16:33

136. 1 Pedro 1:6-7

137. 2 Corintios 7:2

138. Salmos 38:4

139. V. Proverbios 28:17

140. V. 1 Corintios 13:3

141. 1 Juan 1:9

142. Santiago 5:16

143. V. Hebreos 2:9-10

144. Mateo 11:11

145. Lucas 24:32

146. V. Lucas 24:13-33

147. Filipenses 4:6-7

Sacar provecho de la depresión

148. Salmos 30:11

Esperamos que este libro
haya sido de su agrado.
Para información o comentarios,
escríbanos a la dirección
que aparece debajo.

Muchas gracias.

PENIEL

info@peniel.com

www.peniel.com